《史记·五帝本纪》叙事研究

蔡亚玮 ◎ 著

陕西新华出版

陕西人民出版社

图书在版编目（CIP）数据

《史记·五帝本纪》叙事研究 / 蔡亚玮著. —西安：
陕西人民出版社，2023.4（2025.1 重印）

ISBN 978-7-224-14893-0

Ⅰ.①史… Ⅱ.①蔡… Ⅲ.①《史记》—研究 Ⅳ.
①K204.2

中国国家版本馆 CIP 数据核字（2023）第 057181 号

责任编辑：姜一慧
整体设计：蒲梦雅

《史记·五帝本纪》叙事研究
《SHIJI·WUDI BENJI》XUSHI YANJIU

作　　者　蔡亚玮
出版发行　陕西新华出版传媒集团　陕西人民出版社
　　　　　（西安市北大街 147 号　邮编：710003）
印　　刷　三河市众誉天成印务有限公司
开　　本　787 毫米×1092 毫米　1/32
印　　张　7.75
插　　页　1
字　　数　160 千字
版　　次　2023 年 4 月第 1 版
印　　次　2025 年 1 月第 2 次印刷
书　　号　ISBN 978-7-224-14893-0
定　　价　52.00 元

目录

绪　论 / 001

　　一、选题缘由和研究意义 / 003

　　二、研究现状与文献综述 / 007

第一章　草创国家——黄帝叙事研究 / 015

　　第一节　黄帝开篇的原因探析 / 018

　　第二节　以黄帝为宗:《史记》上限的考信问题 / 033

　　第三节　《五帝本纪》中的黄帝形象 / 043

　　第四节　黄帝叙事的意义评估 / 057

第二章　守成保业——颛顼、帝喾叙事研究 / 073

　　第一节　《五帝本纪》中的颛顼形象 / 075

　　第二节　《五帝本纪》中的帝喾形象 / 080

　　第三节　颛顼、帝喾叙事的意义评估 / 084

第三章 制度大备——尧、舜叙事研究 / 089

　　第一节 《五帝本纪》中的帝尧形象 / 092

　　第二节 《五帝本纪》中的帝舜形象 / 101

　　第三节 尧、舜叙事的意义评估 / 118

第四章 《五帝本纪》的叙事艺术 / 125

　　第一节 前后承接、连环叙写的叙事结构 / 127

　　第二节 参差错落、穿插变化的叙事笔法 / 131

　　第三节 疏宕明快、简洁雅丽的叙事语言 / 140

结　语 / 147

附录一 《五帝本纪》材料汇辑 / 151

附录二 《五帝本纪》全注全译 / 196

参考文献 / 231

绪 论

一、选题缘由和研究意义

司马迁作为伟大的历史学家，其《史记》一书既是纪传体正史的开端，也是历史叙事文学的典范之作。司马迁把笔触延伸至哲学、政治、经济、天文、地理等自然与社会生活的各个领域，使《史记》具有极其丰富而重要的文化价值。

两千多年来的《史记》研究著作和论文可谓汗牛充栋，学者对于《史记》价值的关注重心也渐从史学转向文学。《史记》至东汉时开始流传，便已有扬雄、王充、班固等思想大家的评论之语。①

---

① 扬雄《法言》：《重黎》："'太史迁'？曰：'实录'。"《君子》："淮南说之用，不如太史公之用也。太史公，圣人将有取焉；淮南，鲜取焉尔。必也，儒乎！乍出乍人，淮南也；文丽用寡，长卿也；多爱不忍，子长也。仲尼多爱，爱义也；子长多爱，爱奇也。"

王充《论衡》：《超奇》："若司马子长、刘子政之徒，累积篇第，文以万数，其过子云、子高远矣，然而因成纪前，无胸中之造。若夫陆贾、董仲舒，论说世事，由意而出，不假取于外，然而浅露易见，观读之者，犹曰传记。阳成子长作《乐经》，扬子云作《太玄经》，造于眇思，极窅冥之深，非庶几之才，不能成也。孔子作春秋，二子作两经，所谓卓尔蹈孔子之迹，鸿茂参贰圣之才者也。""彼子长、子云论说之徒，君山为甲。自君山以来，皆为鸿眇之才，故有嘉令之文。笔能著文，则心能谋论，文由胸中而出，心以文为表。观见其文，奇伟俶傥，可谓得论也。由此言之，繁文之人，人之杰也。"《须颂》："汉德不休，乱在百代之间，强笔之儒不著载也。高祖以来，著书者不讲论汉。司马长卿为《封禅书》，文约不具。司马子长纪黄帝以至孝武。杨子云录宣帝以至哀、平。陈平仲纪光武。班孟坚颂孝明。汉家功德，颇可观见。"《案书》："汉作者多，司马子长、杨子云，河、汉也；其余，魏晋以后史学开始摆脱经学附庸，《史记》地位也相应提高，裴骃《史记集解》开注释《史记》之首，张辅、葛洪、刘勰等对司马迁的良史之才皆有赞述。唐代《史记》以"正史"居尊，司马贞《史记索隐》、张守节《史记正义》注释《史记》文本，刘知己《史通》评述《史记》叙事，杜佑《通典》发展《八书》传统，韩愈、柳宗元等发起的古文运动以《史记》为宗，奠定了《史记》文学经典的地位。宋代苏洵、郑樵、朱熹、叶适、洪迈等评述"斑马优劣论"，元代《史记》故事改编为杂剧，从而由士人群体走向民间，明代茅坤、金圣叹、凌稚隆等为代表的《史记》评点兴盛开来，直

泾、渭也。然而子长少臆中之说，子云无世俗之论。""夫言烦乱孔子之书，才高之语也；其言理孔子之书，亦知奇之言也。出入圣人之门，乱理孔子之书，子长、子云无此言焉。世俗用心不实，省事失情，二语不定，转侧不安。"

班固《汉书·司马迁传》："司马迁据《左氏》《国语》，采《世本》《战国策》，述《楚汉春秋》，接其后事，讫于天汉。其言秦、汉，详矣。至于采经摭传，分散数家之事，甚多疏略，或有抵牾。亦其涉猎者广博，贯穿经传，驰骋古今，上下数千载间，斯以勤矣。又其是非颇谬于圣人，论大道而先黄、老而后六经，序游侠则退处士而进奸雄，述货殖则崇势利而羞贱贫，此其所蔽也。然自刘向、扬雄博极群书，皆称迁有良史之材，服其善序事理，辨而不华，质而不俚，其文直，其事核，不虚美，不隐恶，故谓之实录。乌呼！以迁之博物洽闻，而不能以知自全，既陷极刑，幽而发愤，书亦信矣。迹其所以自伤悼，《小雅·巷伯》之伦。夫唯《大雅》'既明且哲，能保其身'，难矣哉！"

范晔《后汉书·班彪传》载班彪言："迁之所记，从汉元至武以绝，则其功也。至于采经摭传，分散百家之事，甚多疏略，不如其本，务欲以多闻广载为功，论议浅而不笃。其论术学，则崇黄老而薄《五经》；序货殖，则轻仁义而羞贫穷；道游侠，则贱守节而贵俗功：此其大敝伤道，所以遇极刑之咎也。然善述序事理，辨而不华，质而不野，文质相称，盖良史之才也。诚令迁依《五经》之法言，同圣人之是非，意亦庶几矣。"

至清代迎来《史记》研究的高峰。从汉魏时期简短、零散的评论发轫，直到明清以及近现代，《史记》文学研究渐呈系统性、多样性的态势，《史记》文学经典逐步建构，"史家之绝唱，无韵之离骚"的文学经典地位最终确立。当代《史记》研究则在全注、全译、汇评等诸多方面有了较多新发展。但总体来说，对于《史记》的文学研究尤其是叙事研究，多集中在那些文学色彩较浓厚的篇章中，包括列传部分和《高祖本纪》《项羽本纪》《孔子世家》《陈涉世家》等篇章。相对来说，《史记》其他篇章的叙事艺术与文学价值则较少有深入细致的探究。原因盖有以下几点：首先，从体例来看，《史记》七十列传的文学特征较为明显，人物塑造和情节叙述上的特点鲜明，相比较之下，本纪、世家就显得较为简约而清疏；其次，从内容来看，"本纪"所述人物均为帝王，因其带有一定的权威性而需更为客观冷静的笔触展开描述；列传部分则多为更鲜活的普通人物，更为容易和方便赋予人物以富于感情色彩地感性描述，从而文学色彩更为突出；最后，从叙事手法来看，《史记》记述略古详今，时代越久远，人物越难以把握，记述则越简略粗疏。我们认为，司马迁非凡的文学笔力在《史记》诸篇中皆有显示。相比较而言，"爱奇"的司马迁在"本纪""世家"中更多展现出的是一种较为冷静、克制的叙事风格，而其"略古详今"的记述方式则体现出一种客观严谨的叙事逻辑。但冷静克制不是没有感情与思想，"略古详今"也并非"厚今薄古"。海明威的"冰山理论"就可以对此种文学创作的情形进行一种有效阐释。海明威在《午后之死》中第一次把文学创作比作漂浮在大洋上的冰山，提出了著名的"冰山理论"。他认为冰山的雄伟壮观主要体现在水面上露出来的八分之一。而在文学作品中，文字与形象是具体可见的"八分之一"，感情与思想则是寓于其中的"八分之七"。在《史记》开篇《五帝本纪》中，司马迁在简练的文字叙述中熔铸了丰富的思想与情感内涵，需要我们以"好学深思，心知其意"的态度去深入挖掘其中的深厚内蕴。此外，《五帝本纪》作为《史记》的开篇之作，既是司马迁进行历史叙述的开端，也是纪传体写人的第一篇，在史学和文学两方面都具有重要地位和重大意义。所以，本文主要拟对《五帝本纪》的文本进行深入剖析，以期可以从新的视角为其继续深入研究尽一份薄力。其具体研究意义如下：

其一，从文学的角度观照《五帝本纪》，以全新的视角对《五帝本纪》的文本进行深入解读，可以对文本内容有全面深刻的把握，对《五帝本纪》的文学成就有直观清醒的认识，对司马迁的思想内蕴与叙事特色有进一步的了解，从而明确《五帝本纪》在《史记》中的重要地位，使其文学价值受到足够的重视。其二，《五帝本纪》宏通博大，具有高度概括性，只有深入研读才能探明其中所蕴藏的丰富内涵，感受到史学之作中的文学力量所承载的历史厚重感。也希望本书能起到抛砖引玉的作用，为《史记》其他篇章的研究提供一种新的视角和方法。其三，《五帝本纪》作为《史记》全书的首篇，寓含了司马迁卓越而进步的历史观，由此可以了解司马迁对世界的基本看法，这对后来的学者更加全面地了解司马迁以及深入理解《史记》有重要意义。

二、研究现状与文献综述

古今中外的《史记》研究资料十分丰富，始自两汉而至于今可谓代不乏人，《五帝本纪》的研究也一直伴随着《史记》的研究进展而有所发展。但总体来说，作为《史记》开宗明义的第一篇，《五帝本纪》虽然意义重大、影响深远，其相关研究却略显单薄。比之《史记》其他名篇，《五帝本纪》显然没有引起人们足够的关注。直至当代，以《五帝本纪》为主要研究内容的单题单篇论文才缓慢出现，并呈逐步增多的趋势。现简单梳理现当代《五帝本纪》的文学研究概况如下：

（一）《史记》研究中的《五帝本纪》研究

对于《五帝本纪》的研究，单篇论文较多，而相关著作则大多是将其归入《史记》中进行综合研究。这些著作几乎囊括了《史记》研究的方方面面，从司马迁生平研究到《史记》的史学成就（包括结构体例、历史内容、框架笔法、史观史德等）、思想成就（包括政治、历史、文化、美学、经济、法律、天文、地理等）、文学成就（包括人物描写、结构艺术、叙事艺术、语言特色、艺术风格、地位与影响等）、文化成就（包括医学、农学、天学、地学、音乐、道德伦理等），多种研究方向和角度纵横交错，呈现出百花齐放的态势。这些著作大致可以分为三种类型：其一，从多方入手汇成《史记》研究合集。如韩兆琦、张大可、宋嗣廉主编的《史记研究集成卷三：史记题评与咏史记人物诗》，对《史记》各篇的基本内容、作者意向和艺术特色做了简要评点。在《五帝本纪题解》中，张大可先生把司马迁的述史主旨和贯穿全书的主要思想归纳为明祖先、明道德、明人事、明制度、明一统、明仪例六点，以此来说明《五帝本纪》作为《史记》全书的总序性质和立则发凡的重要意义。顾晓鸣主编的《史记鉴赏辞典》中，则把《五帝本纪》看作中国古代王朝兴替轮回的缩影。其二，把古往今来数名学者对《史记》的评论进行收集汇编。如张新科、高益荣、高一农主编的《史记研究资料萃编》，其在《五帝本纪》下列古今近20人的观点，杨燕起编写的《历代名家评史记》择录了从汉代到近现代共31家的评论，展现了从古到今著名学者对《五帝本纪》不同角度的观照和评论。韩兆琦编著的《史记笺证》在此基础上还加入了孙中山、毛泽东、杨国勇、苏秉琦以及山西考古研究所研究员等近现代历史文化名人对"五帝时代"作为中华文明起源的认同，也从侧面说明了《史记》确立"黄帝"为华夏始祖的巨大意义。赵光勇、吕新峰所编《史记研究集成·十二本纪·五帝本纪》则是《五帝本纪》研究的集大成之作，采撷众家观点，精选最新成果，补正考古资料，便于深入探究《五帝本纪》的文本内涵。其三，对《史记》全文进行会注会评。高益荣整理的清代程余庆所著《历代名家评注史记集说》、日本汉学家泷川资言编纂的《史记会注考证》、台湾花木兰出版社出版的曾庆生著作《〈史记·五帝本纪〉辑证》等，在文字训诂、史实考证上做出了巨大贡献，为我们深入进行《史记》的文本研究奠定了基础。

（二）《五帝本纪》专题研究

近年来，以《五帝本纪》为主题展开研究的专题论文有近百篇，这些论文或是从《五帝本纪》整体内容入手，探讨《五帝本纪》在史料考辨、思想内容和艺术价值等方面的特点与成就；或是把《五帝本纪》作为《史记》的一部分，探究其在《史记》中的地位与作用。

第一，在史料考辨上，学者们做了大量的文本考证工作，对研究《五帝本纪》文本奠定了文献基础。吴薰的《〈五帝本纪〉注译商榷》（《古籍研究整理学刊》1990 年第 3 期）、张家英的《〈史记·五帝本纪〉疑诂》（《古汉语研究》1994 年第 4 期）、任刚的《论〈史记〉取材——以〈五帝本纪〉为例》（《内蒙古大学学报》2007 年第 2 期）、许兆昌与杨龙的《〈史记·五帝本纪〉中黄帝形象的知识考古》（《史学集刊》2012 年第 5 期）、李霖的《从〈五帝本纪〉取裁看太史公之述作》（《文史》2020 年第 1 期）、台湾学者陈琪的《〈尧典〉与〈五帝本纪〉字句之比较研究》（《书目季刊》第 17 卷 3 期）、西北师范大学硕士刘晓晓的《〈史记·五帝本纪〉引〈尚书·尧典〉异文研究》（2013 年）、刘彦青的《重组的艺术与重构的记忆：〈五帝本纪〉黄帝战争文本蠡测》（《陕西师范大学学报》2021 年第 1 期）、赫霆的《〈五帝本纪〉及〈夏本纪〉的可靠性问题》（《文史杂志》2023 年第 1 期）等论文，皆从《五帝本纪》的取材、引文、史料、考古、整理与点校等方面入手，对文本内容做了详细考证，对我们更准确、深入地理解文本内涵有较大帮助。

第二，在思想内容上，学者们关注到了《五帝本纪》中所展现的帝王德行、民族融合、社会生态、人与自然还有法律和天命观等内容，拓宽了研究视角。其中王晓红的《对〈史记·五帝本纪〉社会生态的考量》（《社会科学辑刊》2009年第6期）和《人与自然的史前对话——〈史记·五帝本纪〉另一种解读》（《社会科学辑刊》2010年第6期）两篇论文，从自然、社会两方面对《五帝本纪》进行双向照观，提供了一种比较新颖的研究角度。张新科与王晓玲的《〈史记·五帝本纪〉与西汉文化的建构》（《求是学刊》2011年第4期）、赵琪的《关于"究天人之际"与"通古今之变"的再思考——从〈史记·五帝本纪〉的天命说谈起》（《史学集刊》2012年第3期）、姚中秋的《王道之凝定：〈五帝本纪〉的政治哲学解读》（《北大政治学评论》2018年第1期）等论文，皆新意迭出，颇有意义。

第三，在艺术价值上，学者们的关注点主要在美学价值、神话元素、话语批评等方面。这其中值得一提的是周先民先生的《尽善尽美的理想帝王——读〈史记·五帝本纪〉》（《文学遗产》1995年第3期），他从《五帝本纪》为"史中之经"的性质、黄帝开篇的必然性、五帝创世的过程、理想帝王的典型代表和以"雅"扬名于世的文采特色五方面综合论述了《五帝本纪》的艺术成就，对后之学者有一定的启发。

第四，在作者意向上，有一些学者着力于探究《五帝本纪》作为《史记》的开篇以及《五帝本纪》或者《史记》自黄帝始的原因、意义与影响。如张强、李丹的《论〈本纪〉在〈史记〉中的地位和作用——兼论〈史记〉以〈五帝本纪〉为开篇的原因》（《河北师范大学学报》2006 年第 4 期）和高强的《〈史记〉为何从黄帝开始》（《华夏文化》1999 年第 3 期）两篇论文，以及首都师范大学赵文娜的硕士学位论文《司马迁〈五帝本纪〉研究》（2007 年），都对《史记》以黄帝为开始的原因和司马迁的创作意图进行了分析。其中赵文娜的《司马迁〈五帝本纪〉研究》通过广泛的材料收集，把从古文献中梳理出的五帝形象和《史记·五帝本纪》中展现出的五帝形象进行对比分析，然后在此基础上分析司马迁的创作意图。"为何从黄帝开始记史"是研究《史记·五帝本纪》的首要问题，对准确把握和深刻理解《史记》博大精深的文化内涵有重要作用，所以还需要进行更深入的探究。

（三）《史记》叙事研究

自陈世骧先生鲜明提出"中国的抒情传统"这一命题，"中国文学抒情传统说"便成为学界主流共识。但讲故事作为人类文化的重要功能①，存在于中国古老的文化中，所以中国文学自然也有着源远流长的叙事传统。浦安迪、杨义、傅修延等著名学者的同题著

———————

① 柏格森："讲故事是人类文化中的功能之一"，转引自［美］浦安迪《中国叙事学》，北京大学出版社，2018，第 5 页。

作《中国叙事学》，立足中国文化原点，将叙事之道与叙事之技结合，从结构、时间、视角、意象、形式等多重视角对中国文学元典的叙事艺术展开探究，建立起独具中国叙事智慧的中国叙事学原理，意义重大，影响深远。董乃斌先生则旗帜鲜明地提出"中国文学叙事传统"，将其与"中国文学抒情传统"并立，看作是中国文学彼我互存、不可或缺的两大传统，以期更全面、正确地理解中国文学史的全貌。而以上诸学者都认为史学与中国叙事渊源最深。杨义认为："中国叙事文类是以历史为中心的。"①傅修延认为："史著中往往流露出自觉的叙事意识，开始讲究叙事的艺术形式。"②董乃斌认为："以文史不分家著称的中国古代文学和史学，从源头上就显示了丰沛的叙事性特征。"③而浦安迪认为："因为史书在中国文化中的地位有类似于史诗的功能，中国文学中虽然没有荷马，却有司马迁。《史记》既能'笼万物于形内'，有类似于史诗的包罗万象的宏观感，又醉心于经营一篇篇个人的'列传'，而令人油然想起史诗中对一个个英雄的描绘，从而无愧于古代文化大集成的浓缩体现。我们甚至可以这样说，中国古代虽然没有'史诗'，却有史诗的'美学理想'。这种'美学理想'就寄寓于'史'的形式之中而后启来者。它淹没在漫长的中古时代的风烟之中，经过魏晋南北朝，隋唐五代和宋、元交替间的历史动荡，一直等到明清奇书文

---

① 杨义：《中国叙事学》，商务印书馆，2019，第14页。
② 傅修延：《先秦叙事研究关于中国叙事传统的形成》，东方出版社，1999，第138页。
③ 董乃斌：《中国文学叙事传统论稿》，东方出版中心，2017，第10页。

体的出现，才重现异彩。"①并提出了"神话—史文—明清奇书文体"的中国叙事发展路径，史传叙事的研究由此得到重视与发展。

　　丁琴海《中国史传叙事研究》（北京国际文化出版公司，2002）从宏观层面探讨了神话与史传的历史叙事特征，并论述了《史记》的视角艺术与时间艺术。王成军《纪实与纪虚——中西叙事文学研究》（百花洲文艺出版社，2003）认为《史记》是历史叙述和文学叙述的最高楷模，开创了中国纪实叙述的传统。熊江梅《先秦两汉叙事思想》（湖南师范大学出版社，2011）中对史传叙事思想的研究也以《史记》为个案做了简要分析。郭丹《先秦两汉史传文学史论》（上海古籍出版社，2014）中对文学化的历史叙事有所论述，也专门探讨了史传文学的高峰《史记》一书。倪爱珍《史传与中国文学叙事传统》（中国社会科学出版社，2015）把史传界定为独具中国特色的一种叙事范型，借助西方叙事理论探讨中国文学叙事传统的特点。尹雪华《先秦两汉史传叙事研究》（学林出版社，2017）探讨了先秦两汉史传作品中历史性与文学性得以生成的深层原因及其表现形态。毛金霞《史记叙事研究》（陕西人民教育出版社，2006）从叙事主旨、时间、结构、材料、立场、视角、艺术、语言、风格等角度对《史记》叙事艺术展开研究。刘宁《〈史记〉叙事学研究》（中国社会科学出版社，2008）又从叙事立场、叙事视点、叙事时间、叙事情节、叙事话语、叙事接受等角度对《史记》叙事艺术展开进一步研究。曾小霞《〈史记〉〈汉书〉叙事比

---

① 　［美］浦安迪：《中国叙事学》，北京大学出版社，2018，第30页。

较研究》（世界图书出版广东有限公司，2013）从《史记》与《汉书》的叙事体例、叙事思想、叙事视角、叙事时空、叙事语言的对比研究中发掘两书的叙事特色。

这些著作多从西方叙事学的角度入手，借助西方叙事理论对《史记》的叙事特色展开研究，研究方法略显单一重复。中国文学叙事传统源远流长，应该有更多的方法和视角对文学叙事尤其是史传文学的叙事展开探讨。

通过以上梳理，我们可以看出，史传叙事作为"中国文学叙事传统"中的重要一环，其相关研究还不够深广；《史记》作为史传文学的最高楷模，对于其历史叙事的研究还较为薄弱。《五帝本纪》作为《史记》开篇，司马迁在《五帝本纪》的史学叙事中如何将如椽巨笔运用自如，《五帝本纪》的文字下面到底蕴藏怎样的丰富内涵，《五帝本纪》呈现出怎样的叙事艺术等问题，都需要透彻解答，以期进一步彰显《五帝本纪》的叙事价值与文学成就。

第一章

草创国家——黄帝叙事研究

　　司马谈曾言："今天子接千岁之统，封泰山，而余不得从行，是命也夫，命也夫！余死，汝必为太史；为太史，无忘吾所欲论著矣。且夫孝始于事亲，中于事君，终于立身。扬名于后世，以显父母，此孝之大者。夫天下称颂周公，言其能论歌文武之德，宣周邵之风，达太王王季之思虑，爰及公刘，以尊后稷也。幽厉之后，王道缺，礼乐衰，孔子修旧起废，论《诗》《书》，作《春秋》，则学者至今则之。自获麟以来四百有余岁，而诸侯相兼，史记放绝。今汉兴，海内一统，明主贤君忠臣死义之士，余为太史而弗论载，废天下之史文，余甚惧焉，汝其念哉！"又言："自周公卒五百岁而有孔子。孔子卒后至于今五百岁，有能绍明世，正《易传》，继《春秋》，本《诗》《书》《礼》《乐》之际？"①所以司马迁誓以承续由周公到孔子的文化道统为己任："意在斯乎！意在斯乎！小子何敢让焉。"②因有这样高远的人生理想，司马迁务求将《史记》一书著成"究天人之际，通古今之变，成一家之言"③的伟大经典。

　　《五帝本纪》为《史记》开卷第一篇。一部上下几千年的复杂

　　①　〔汉〕司马迁：《史记·太史公自序》，中华书局，2011，第 2855 页。
　　②　〔汉〕司马迁：《史记·太史公自序》，中华书局，2011，第 2855 页。
　　③　〔汉〕班固：《汉书·司马迁传》，〔唐〕颜师古注，中华书局，1962，第 2735 页。

历史，该从何时写起，才能够显示出由微而著、渐趋浩大的民族气象，才能够次第写来而实现自己"究天人之际，通古今之变，成一家之言"的著史理想，才能够承担得起"继王道、绍明世、学者则之"的文化道统？这对于司马迁来说，无疑是他在撰著《史记》时必须直面、必须深思熟虑的首要问题。

第一节　黄帝开篇的原因探析

司马迁在自序中三次提出"史自黄帝始"："于是卒述陶唐以来，至于麟止，自黄帝始。""上记轩辕，下至于兹，著十二本纪，既科条之矣。""余述历黄帝以来至太初而讫，百三十篇。"[①]在司马迁看来，中国历史的上限至少应起自黄帝。司马迁不厌其烦地再三申说，一文之中三致意焉，就是为了强调黄帝在中国历史上的重要地位。

在中国文化传统中，史学的缘起和发展与先秦儒家有着直接的因果联系。《尚书》《春秋》《左传》等早期中国史学经典，都出于儒家之手，这可以说明中国史学因儒家而缘起。司马迁既以著史为人生理想，就必以史学之父孔子为宗师。在《太史公自序》中，司马迁借与上大夫壶遂的一番讨论，以大段篇幅对"昔孔子何为而作《春秋》"的问题做出了精辟论述："夫《春秋》，上明三王之道，

---

① 〔汉〕司马迁：《史记·太史公自序》，中华书局，2011，第 2858、2874、2876 页。

下辨人事之纪，别嫌疑，明是非，定犹豫，善善恶恶，贤贤贱不肖，存亡国，继绝世，补弊起废，王道之大者也"，"《春秋》文成数万，其指数千。万物之散聚，皆在《春秋》"，"《春秋》者，礼义之大宗也"①，所言种种，表明了司马迁对孔子"春秋大义"的高度认同，表明了司马迁对孔子及其《春秋》的礼敬之情。由此，司马迁自觉以著成第二部能够成为天下"礼义之大宗"的《春秋》为自己一生的使命，自觉肩负起了在孔子之后弘扬"王道之大者"的历史责任。

司马迁对于《春秋》"王道之大者""礼义之大宗"的解读与阐释，符合《春秋》一书的实际，也代表着司马迁著史的努力方向。对于孔子和司马迁来说，史书的书写不只是对过去事实的整理与追叙，更是对一种人类价值与意义的感悟与思考。所谓"《春秋》者，礼义之大宗也"，正是这样一种历史价值观的经典表达；而由孔子奠立并由司马迁承续的这一历史观念的形成，也正确保了中国史学具有一种高远的精神品质。从这一历史观念出发，司马迁就必定要将他的史笔尽可能地伸向王道始兴的历史纵深处。司马迁所处的汉武帝时代，已然是一个"汉兴以来，至明天子，获符瑞，封禅，改正朔，易服色，受命于穆清，泽流罔极，海外殊俗，重译款塞，请来献见者，不可胜道"②的伟大时代。站在人类文明已进至于"王道之大"的巅峰时代，司马迁回望历史，势必有"望尽天涯路"的浩茫感受，这就如同站在奔涌翻滚的黄河岸边，不禁让人生

① 〔汉〕司马迁：《史记·太史公自序》，中华书局，2011，第 2856 页。
② 〔汉〕司马迁：《史记·太史公自序》，中华书局，2011，第 2858 页。

发出它源自何方的追问。既然人类已经发展到一个辉煌灿烂的时代，人类就必定经历了由微而著、渐趋浩大的漫漫过程。作为一个民族历史的书写者，司马迁所要扣寻的是这个民族何时初显出人文的光辉，何时初显出这个民族将来足可赖以生存与发展的本质依据。

在司马迁之前，孔子对于我们民族的历史是"祖述尧舜，宪章文武"①"明三王之道"。这也就是说，倘若孔子著写通史，他极可能将我们的历史上限追踪至上古尧舜时代，而以文武时代作为奠定我们这个民族本质内涵的真正起点。在尧、舜与文、武之间，横亘夏、商两代数千年的时空，孔子确定以文、武为我们民族政治宪章与文化宪章的真正历史起点，又将叙述的头绪伸向德治天下的遥远的尧舜时代，这已然表现出深广的历史观念。司马迁之父司马谈认为，天下称颂周公，是周公能"论歌文武之德，宣周邵之风，达太王王季之思虑，爰及公刘，以尊后稷也"②。幽、厉之后，虽然王道缺，礼乐衰，但周公卒五百岁而孔子出世，孔子能"修旧起废，论《诗》《书》，作《春秋》，则学者至今则之"，"贬天子，退诸侯，讨大夫，以达王事"③。后诸侯相兼，史记放绝，周道由此而废。后秦又拨去古文，焚灭诗书，于是"明堂石室金匮玉版图籍散乱"，文统亦破碎。而今孔子卒后又有五百岁，能"绍明世，正

① 〔汉〕郑玄注，〔唐〕孔颖达疏《礼记正义》，北京大学出版社，1999，第1459页。
② 〔汉〕司马迁：《史记·太史公自序》，中华书局，2011，第2856页。
③ 〔汉〕司马迁：《史记·太史公自序》，中华书局，2011，第2856页。

《易传》，继《春秋》，本《诗》《书》《礼》《乐》之际"的重任，自然落在了"世典周史""典天官事"的太史公身上。太史公认为："自初生民以来，世主曷尝不历日月星辰？及至五家、三代，绍而明之，内冠带，外夷狄，分中国为十有二州，仰则观象于天，俯则法类于地。天则有日月，地则有阴阳。天有五星，地有五行。天则有列宿，地则有州域。三光者，阴阳之精，气本在地，而圣人统理之。"①自初生民以来，及至五家、三代，世主皆"历日月星辰"且"绍而明之"，由此而成为统理天下的圣人。"太史公既掌天官，不治民"，当与圣人统理天官有密切联系。"伏羲至纯厚，作《易》八卦。尧舜之盛，《尚书》载之，礼乐作焉。汤武之隆，诗人歌之。《春秋》采善贬恶，推三代之德，褒周室，非独刺讥而已也。"②《易》《尚书》《诗》《春秋》等推扬伏羲之纯厚、尧舜之盛、汤武之隆、三代之德，而今"汉兴以来，至明天子，获符瑞，建封禅，改正朔，易服色，受命于穆清，泽流罔极，海外殊俗，重译款塞，请来献见者不可胜道。臣下百官力诵圣德，犹不能宣尽其意"③，所以太史公"绍明世，正《易传》，继《春秋》，本《诗》《书》《礼》《乐》之际"的做法即为"载明圣之盛德，述功臣世家贤大夫之业"，故"述故事，整齐其世传"而著《史记》。司马迁父子以周公制礼作乐、孔子作《春秋》、太史公著《史记》为五百年之运的嬗递。作为孔子的精神传人，司马迁自当受到孔子"祖述尧

---

① 〔汉〕司马迁：《史记·天官书》，中华书局，2011，第1248页。
② 〔汉〕司马迁：《史记·太史公自序》，中华书局，2011，第2874页。
③ 〔汉〕司马迁：《史记·太史公自序》，中华书局，2011，第2874页。

舜，宪章文武"这一历史观念以及《春秋》王道观与德治理想的影响，以建构"王迹所兴"之"本纪"。"于是卒述陶唐以来，至于麟止，自黄帝始"，"陶唐"比附《春秋》"祖述尧舜，宪章文武"，"麟止"比附《春秋》"获麟"绝笔。但司马迁的可贵之处在于，他并未止步于"祖述尧舜，宪章文武"，而是以其"究天人之际，通古今之变，成一家之言"的精神魄力，在孔子"祖述尧舜"的基础上继续前行，将民族的历史上限追溯至尧舜前的黄帝时代，显示出更为深广的历史观念。《春秋》"断自尧舜"，若仔细考究，尧舜之时已是国家规模完整、各项制度完备的时期，并不是中国信史的开端，其必定经历了一段时间的发展，所以中国历史的开端还要继续上溯。日本学者岛田重礼曰："夫宗其道，则欲详其人；详其人，则欲并其父祖曾高而详之。子长纪黄帝，乃所以著尧舜之所出也。"①这就是说，尧舜之盛不是凭空而来，其源可继续上溯。正如刘咸炘所论"史公网罗放失，自当上溯以补经，不能仍断自唐、虞。然上溯到百家之言驳异难信，考信六艺，又无记述，折中孔子，不得不降取传记。传记所述则《易传》述包、炎，《礼记》述五帝。《易传》寥寥数语，不若《礼记》之详。故舍彼取此，即《自序》所谓'正《易传》'也"②。

司马迁作十二本纪，意在"网罗天下放失旧闻，王迹所兴，原

<hr>

① ［日］泷川资言：《史记会注考证》，上海古籍出版社，2015，第2页。
② 刘咸炘：《刘咸炘学术论集·史学编·太史公书知意》，广西师范大学出版社，2007，第3页。

始察终，见盛观衰"①。其录入的基本原则是"论考之行事"，即以可信的史料为依据，记录明君圣王的事迹，并进而条理出有关国家盛衰命运的历史大势。其中，"王迹所兴"为司马迁确立本纪人选的一个重要依据，这与秦汉时期崇尚大一统的历史观念有关。秦人有言："今陛下（秦始皇）兴义兵，诛残贼，平定天下，海内为郡县，法令由一统，自上古以来未尝有，五帝所不及。"②秦始皇也自以为其"功过五帝"，是古往今来最伟大的帝王。汉代又称言："皇帝起丰沛，讨暴秦，诛强楚，为天下兴利除害，继五帝三王之业，统理中国。"③"维我汉继五帝末流，接三代绝业。"④以上所言，都以承认五帝"统理中国"为前提。从秦到汉，中国历史经历了两次大的统一历程，其统一者都拿自己成就的功业与五帝相对比，可见秦汉一统源自五帝一统。

在司马迁之时可见的历史记载中，"五帝"所指并不统一，今所见盖有如下几种：

《山海经》：黄帝、（大皞）太皞、炎帝、少昊、颛顼

《周易·系辞下》：包犠、神农、黄帝、尧、舜⑤

---

① 〔汉〕司马迁：《史记·太史公自序》，中华书局，2011，第 2874 页。
② 〔汉〕司马迁：《史记·秦始皇本纪》，中华书局，2011，第 202 页。
③ 〔汉〕司马迁：《史记·郦生陆贾列传》，中华书局，2011，第 2361 页。
④ 〔汉〕司马迁：《史记·太史公自序》，中华书局，2011，第 2874 页。
⑤ 〔魏〕王弼：《周易注》，楼宇烈校释，中华书局，2011，第 363 页。

《国语·鲁语上》：黄帝、颛顼、帝喾、尧、舜①

《左传·文公十八年》：高阳氏、高辛氏、帝鸿氏、少
氏、颛顼②

《左传·昭公十七年》：黄帝、炎帝、共工、（大暤）太
暤、少暤③

《礼记·月令》：太暤、炎帝、黄帝、少暤、颛顼④

《吕氏春秋·十二纪》：（大暤）太暤、炎帝、黄帝、少
暤、颛顼⑤

《吕氏春秋·古乐》：黄帝、颛顼、帝喾、尧、舜⑥

《战国策·赵策》：宓戏、神农、黄帝、尧、舜⑦

《帝王世纪》：少昊、颛顼、帝喾、尧、舜⑧

《孔子家语·辩物》：黄帝、炎帝、太昊、少昊、颛顼⑨

---

① 〔春秋〕左丘明：《国语集解》，徐元诰集解，王树民、沈长云点校，中华书局，2002，第155页。

② 〔春秋〕左丘明著，杨伯峻编著：《春秋左传注》，中华书局，2009，第636-642页。

③ 〔春秋〕左丘明著，杨伯峻编著：《春秋左传注》，中华书局，2009，第1386页。

④ 〔汉〕郑玄：《礼记注》，王锷点校，中华书局，2021，第187-241页。

⑤ 〔秦〕吕不韦编《吕氏春秋集释》，许维通集释，梁运华整理，中华书局，2009。

⑥ 〔秦〕吕不韦编《吕氏春秋集释》，许维通集释，梁运华整理，中华书局，2009，第120-126页。

⑦ 何建章注释：《战国策注释》，中华书局，1990，第680页。

⑧ 〔晋〕皇甫谧：《帝王世纪辑存》，徐宗元辑，中华书局，1964，第46页。

⑨ 杨朝明、宋立林主编《孔子家语通解》，齐鲁书社，2013，第198页。

《孔子家语·五帝》：太皞、炎帝、黄帝、少皞、颛顼①
《世本·帝系》：黄帝、帝喾、颛顼、尧、舜②
《大戴礼记·五帝德》：黄帝、颛顼、帝喾、尧、舜③
《大戴礼记·帝系姓》：黄帝、颛顼、帝喾、尧、舜④

此即为司马迁所言"学者多称五帝，尚矣。然《尚书》独载尧以来，而百家言黄帝，其文不雅驯，荐绅先生难言之。孔子所传《宰予问五帝德》及《帝系姓》，儒者或不传……予观《春秋》《国语》，其发明《五帝德》《帝系姓》章矣，顾弟弗深考，其所表见皆不虚。书缺有间矣，其轶乃时时见于他说"⑤。司马迁之时学者对"五帝"的指称久远杂乱如上所述，其文也不够雅驯，但以上诸多五帝世系的记述中，黄帝几乎不可或缺。司马迁所论的战国秦汉间"百家言黄帝"的盛况，由《汉书·艺文志》的著录可见。《艺文志》著录了大量题名黄帝的文献，这些著述多杂录在道家、阴阳家、天文家、历谱家、五行家、杂占家、医经家、房中家、神仙家等各家之下，黄帝故事俨然成为司马迁所处时代的一种众说纷纭的"时尚"。《尚书序》正义曰："《大戴礼》：'帝系出于世本。'"《汉书·司马迁传赞》亦说："唐、虞以前，虽有遗文，其语不经，

① 杨朝明、宋立林主编《孔子家语通解》，齐鲁书社，2013，第285页。
② 〔晋〕皇甫谧等撰《世本》，齐鲁书社，2010，第1~4页。
③ 方向东：《大戴礼记汇校集解》，中华书局，2008，第689页。
④ 方向东：《大戴礼记汇校集解》，中华书局，2008，第737页。
⑤ 〔汉〕司马迁：《史记·五帝本纪》，中华书局，2011，第42页。

故言黄帝、颛顼之事未可明也。及孔子因鲁史记而作《春秋》，而左丘明论辑其本事以为之传，又纂异同为《国语》。又有《世本》，录黄帝以来至春秋时帝王、公、侯、卿、大夫祖世所出。春秋之后，七国并争，秦兼诸侯，有《战国策》。汉兴伐秦定天下，有《楚汉春秋》。故司马迁据《左氏》《国语》，采《世本》《战国策》，述《楚汉春秋》，接其后事，讫于天汉。其言秦、汉，详矣。"①所以《世本》也当是司马迁的重要参考史料。所以司马迁以孔子所传《宰予问五帝德》《帝系姓》及《世本》为准绳，儒家经典《春秋》《国语》继承了《五帝德》《帝系姓》的五帝谱系，《周易》《吕氏春秋》《战国策》等也都列有黄帝，况且还有一些"书缺有间，其轶乃时时见于他说"的记载，让曾经"西至空桐，北过涿鹿，东渐于海，南浮江淮"的司马迁意识到"长老皆各往往称黄帝、尧、舜之处，风教固殊焉。总之，不离古文者近是"②。

而在司马迁《五帝本纪》所持之说之后，"五帝"之称也并未完全统一，另有四说：其一，郑玄注《中候敕省图》引《运斗枢》以轩辕、少昊、高阳、高辛、陶唐、有虞等六人为五帝；其二，郑樵《通志》祖孔安国之说，以少昊、颛顼、帝喾、尧、舜为五帝；其三，《帝王世纪纂要》卷一《五帝纪》以伏羲、神农、黄帝、尧、舜为五帝；其四，梁武帝以黄帝、少昊、颛顼、帝喾、帝尧为五帝（见《资治通鉴外纪》卷一《帝舜》）。五帝之名号，莫衷一是。特

① 〔汉〕班固，〔唐〕颜师古注《汉书·司马迁传》，中华书局，1962，第2735页。

② 〔汉〕司马迁：《史记·五帝本纪》，中华书局，2011，第42页。

别自战国五行之说、五德终始之说起，"天之五帝""巫之五帝""史之五帝"于是"次第起矣"，传说不一，更呈纷乱，以至"后世学者不求其始，习于其名，遂若断不可增减者；虽或觉其不通，亦必别为之说以曲合其数，是以各据传注，互相抵牾。"（《崔述《补上古考信录》）①但司马迁著《五帝本纪》，史文主干采自《五帝德》《帝系姓》《尧典》《舜典》，旁采《左传》《国语》《世本》《战国策》《礼记》《吕氏春秋》等著述，旁及《孟子》《庄子》《韩非子》《尸子》等百家之言，②以及《牒记》、谱牒旧闻等今已佚之文，从而形成了从黄帝到颛顼、帝喾再到尧、舜的，与《易传》《礼记》《大戴礼记》《国语》《世本》《孔子家语》等儒家经典之五帝世系相一致的，有系统的帝纪。

司马迁的父亲司马谈临终之前有遗言说："今汉兴，海内一统，明主贤君忠臣死义之士，余为太史而弗论载，废天下之史文，余甚惧焉，汝其念哉！"③在"今天子接千岁之统，封泰山"的汉代大一统的辉煌时刻，继《春秋》而著中国之史的强烈需求相应而生。"古之王者世有史官，君举必书"④，理清自古以来整个历史发展的脉络，记载"明主贤君忠臣死义之士"，是史学家的责任。司马迁也认为："余尝掌其官，废明圣盛德不载，灭功臣世家贤大夫

---

① 赵光勇、吕新峰编《史记研究集成·十二本纪·五帝本纪》，西北大学出版社，2019，第 515 页。

② 见附录一所辑录。

③ 〔汉〕司马迁：《史记·太史公自序》，中华书局，2011，第 2854 页。

④ 〔汉〕班固：《汉书·艺文志》，中华书局，2012，第 1515 页。

之业不述，堕先人所言，罪莫大焉。"①司马谈、司马迁父子既以史官为职责，以载"明主贤君忠臣死义之士"的"明圣盛德"为己任，就势必会将黄帝这一"立功""立德"的"倜傥非常之人"记入史书中。神话中"黄帝"以中央神占据重要地位，降至春秋战国间，诸多著述已视黄帝为帝王世系之始。至秦汉一统之时，黄帝作为一统之帝王的重要性更是应时而出，黄帝在当时已然成为中华民族的共同历史记忆与文化记忆。基于两周以来华夏族群融合、疆域拓展、政治统一之态势对不断强化的大一统观念的继承和发扬，司马迁断然不敢舍弃黄帝而不载，正如顾颉刚所言："黄帝传说初至中原，其时儒、墨两显学言古史者皆曰'尧、舜、禹、汤'，未引而远之也，故黄帝遂翘然居首座……邹衍，齐人，当战国后期，其时黄帝传说流至中原已久，为学者所共术，群奉为最古之人王，故衍由此而推远之也。自此以来，黄帝之说遂为言古史者所不能废，司马迁冠《五帝本纪》于《史记》全书者以此。"②所以司马迁在"整齐百家杂语"和继承先秦世系的基础上，以大一统观念为基础，建构出一套同源于黄帝一统的祖源历史叙事，将黄帝视为五帝统一大业的开创者、缔造者，并将其视为中国的"中华一统"的种族之源、"华夏一统"的血统之源、"四海一统"的文明之源和"天下一统"的德治之源。"《史记》五帝三代的帝系、血缘、国号、姓、历法，共同营造了一个互相联系的理论体系。《史记》所以坚持五帝三代同出黄帝，所以认为黄帝至禹皆同姓而异其国号，所以

---

① 〔汉〕司马迁：《史记·太史公自序》，中华书局，2011，第2858页。
② 顾颉刚：《顾颉刚全集·史林杂识初编》，中华书局，2011，第408页。

认为易姓受命始改正朔，这些看似怪异的论调，其深意可能在于，太史公试图对黄帝以降的所有王朝更迭，获得一以贯之的认识。"①黄帝成为联系天下的纽带和万世一系的象征，成为中国大一统的精神图腾。从此以后，中国历史揭开了以天子为中心的大一统新篇章，黄帝逐渐成为"'大一统'之始祖，华夏族统之核心，千古神统之纲领，历朝政统之根本，'成命百物'之造主，百家道统之根本"②等诸多人文始祖的代表。此种将黄帝加以世俗化、个体化、楷模化和祖宗化的历史书写，为一统帝国树立起膜拜的象征，为华夏各族擎起集合的旗帜，呼应了武帝时期建立大一统帝国、强化"家天下"专制的政治诉求，为帝国扩张的政治实践提供了根基性的支持，在客观上顺应了"大一统"历史发展的需求。

而司马迁以黄帝为五帝统一大业的开创者，也符合历史发展的逻辑和规律。具体而言，黄帝初步形成了对外巩固疆域、防止侵犯，对内安定社会、治理天下的国家经营模式，为我国历史开启了以天子为中心的大一统的新纪元；而后世秦汉对国家的内外经营都是在此基础上的进一步发展。通过"原始察终"，黄帝成为司马迁在可见史料中可以确立的第一位显示出帝王迹象的先古圣王。也可以这样说，在司马迁看来，黄帝为中国"王迹所兴"之"始"的历史第一人。而反观神农氏，因其不能稳定天下大局，不能控制诸侯作乱局面，所以不足以成为天下帝王的法则。对于司马迁来说，本

---

① 李霖：《从〈五帝本纪〉取裁看太史公之述作》，《文史》2020 年第 1 辑。

② 杜贵晨：《黄帝形象对中国"大一统"历史的贡献》，《文史哲》2019 年第 3 期。

纪中不列入神农氏还因其事迹难考，不符合司马迁"论考之行事"的基本原则。司马迁之所谓"神农以前尚矣"①，"夫神农以前，吾不知已"②，其实质含义并非是说不知有神农氏的存在，而是说神农氏事迹难以"论考之行事"。司马贞所补《三皇本纪》载神农氏"斫木为耜，揉木为耒，耒耨之用，以教万人。始教耕。故号神农氏。于是作蜡祭，以赭鞭鞭草木。始尝百草，始有医药。又作五弦之瑟。教人日中为市，交易而退，各得其所。遂重八卦为六十四爻"③，其教稼穑、尝百草、作琴瑟、设市易之事，虽有功德于世，但不足以显示"王迹所兴"。至于三皇之说，更是无可信从。而司马迁所载黄帝之事，有史可征，有据可证，更能够令人信服。故此，司马迁将"王迹所兴"的帝王历史上溯止于黄帝，而未列神农等人。

对司马迁著《五帝本纪》史学依据的充分性，泷川资言《史记会注考证》所录赵恒之言有着精确的评论："赵恒曰：'此论本纪所以首黄帝之意。盖《尚书》独载尧以来，而《史记》始黄帝，《史记》之所据者，《五帝德》《帝系姓》也，乃儒者或不传之书也。然迁以所涉历，验之风教而近是，参之《春秋》《国语》，而所表见为不虚，是以尚书虽缺，而其轶之见于他说，如《五帝德》《帝系姓》者，不可不言而传之也。要在学者博闻深思，精择而慎取之耳。故

---

① 〔汉〕司马迁：《史记·历书》，中华书局，2011，第1178页。
② 〔汉〕司马迁：《史记·货殖列传》，中华书局，2011，第2819页。
③ 〔唐〕司马贞：《史记·三皇本纪》，中华书局，2014，第4053页。

以黄帝著为本纪首。'"①黄帝是尧舜伟大事业的宗祖，他的事迹在古文献中又有所记载，所以"不可不言"，这是司马迁作为史官的职责所在，更是司马迁独到洞察力、准确决断力的体现。牛运震在《空山堂史记评注》中提道："三皇荒远无考。太史公作《史记》，断自黄帝，述《五帝本纪》，正以《大戴礼》有《五帝德篇》，又《帝王世系》皆叙自黄帝以下，其言信而有征也。百家言黄帝，尤病其不雅驯，而必择其雅者，论次为书首，况于三皇之荒远难稽乎！故知司马贞之补作《三皇本纪》，妄也。"②后世司马贞替《史记》补《三皇本纪》，缺乏史料根据，大多是一些奇幻色彩浓厚的神话传说，显得不伦不类，可信度低。而司马迁则在大量占有各种材料的基础上做出判断，能够舍弃缺乏史学根据的荒诞记录，做到宁缺而勿妄，又能准确辨析出确实存在而应该保存和延续的黄帝史实，使其存而有征。

有学者认为司马迁从黄帝开始记史，是受黄老思想的时代氛围和家学背景的影响。在我们看来，司马迁虽有着对黄老思想的敬重，但在《五帝本纪》的记述中，司马迁删去了"黄帝三百年"，"乘龙扆云"之类的不雅驯之言，所以我们并未看到黄老思想的丝毫痕迹。诚然，在汉初以及司马迁所处的时代，有不少人因喜好黄老思想而推崇黄帝，也促成了"百家言黄帝"时尚的流行。但对于一部分当朝士大夫来说，他们推崇黄帝，主要是因为黄帝是合乎儒家

---

① 〔日〕泷川资言：《史记会注考证》，上海古籍出版社，2015，第64页。
② 〔清〕牛运震：《空山堂史记评注校释》，崔凡芝校释，中华书局，2012，第1页。

标准的圣君形象而非合乎道家标准的神仙形象。陆贾《新语·道基篇》曰:"天下人民,野居穴处,未有室屋,则与禽兽同域。于是黄帝乃伐木构材,筑作宫室,上栋下宇,以避风雨。"①贾谊《新书·修政语》曰:"故黄帝职道义,经天帝,纪人伦,序万物,以信与仁为天下先,然后济东海,入江内,取绿图,西济积石,涉流沙,登于昆仑,于是还归中国,以平天下,天下太平,唯躬道而已。"②汉初大儒陆贾、贾谊之言,足为证明。与此相仿佛,司马迁在《五帝本纪》中展示出的黄帝从立国到治国,从开疆巡狩到化治天下,都是奋发有为的圣君形象,这与黄老思想所推崇的"无为而治"是相矛盾的。且司马迁以"黄帝"为"五帝"首,记述了黄帝奋发有为的圣王形象,客观上也为当时被神仙之说所迷惑的汉武帝辨析了帝王升仙等怪诞荒唐之说的无足为信。所以《五帝本纪》又被李邺嗣等认为是太史公司马迁对汉武帝的谏书。

综上所述,司马迁结合传世文献、民间口头传说和实地考察,以《五帝德》《帝系姓》《尚书》《左传》等文本为内容框架,首纪黄帝,构建五帝世系,有着可以"论考之行事"的史学依据,有着能够追踪中国一统大业之源头的历史要求,有着"成一家之言"的著述期望。"《史记》记事始于黄帝,既非唐尧,也非三皇。太史公追求的既不是现成的信史,也不是单纯的古老。太史公看重的应是黄帝的典范意义(善)。黄帝凭人力获天命,用战争创立异姓王朝,

①〔汉〕陆贾:《新语·道基篇》,王利器校注,中华书局,1986,第3页。
②〔汉〕贾谊:《新书》卷九,阎振益、钟夏校注,中华书局,2000,第359页。

继而衍生五帝、三代。黄帝是太史公及后世的'圣人君子',认识汉家从何而来时,沿秦、周而上,能追溯到的最悠久、最具典范意义的王朝开创者。"①司马迁在《史记》开篇时就以其"原始察终"的大历史观念、"网罗天下放失旧闻"的材料占有和"整齐百家杂语"的理性考索,记载了中国"王迹所兴"与"天下一统"的始祖黄帝,并构建起以黄帝为始祖的一以贯之的帝王世系。司马迁的卓异与伟大由此可见。

第二节　以黄帝为宗:《史记》上限的考信问题

司马迁在孔子的基础上,将民族的历史追踪至上古黄帝时代,并非只是上推了一两个世纪那样简单。中国史学一开始就以注重考信为高标,《史记》能否成为信史,首先就看司马迁在"祖述"黄帝时能否将《史记》"第一人"黄帝写得真实可信?

在我们看来,孔子"祖述尧舜"而不是"宪章尧舜",这一方面是因为尧舜虽德治天下但行的是无为之治,未能形成可为后世效法的政治宪章与文化宪章;另一方面也是因为尧舜事迹久远,加之垂拱无为而少有形迹,难以具体描述。对于孔子来说,他所叙述的历史应当是能够考信的历史。孔子"不语怪力乱神"②,"敬鬼神而

---

① 李霖:《从〈五帝本纪〉取裁看太史公之述作》,《文史》2020 年第 1 辑。

② 〔清〕刘宝楠:《论语正义·述而》,中华书局,1990,第 372 页。

远之"①，就表明了孔子鲜明的理性立场。尧舜虽非"怪力乱神"，但其事多为传闻，不似文武之事"深切著明"，故而孔子就不能不谨慎对待。一方面谨慎对待，一方面尊之以祖，显示出孔子既考信史实又追踪远古的稳健态度。就考信史实而言，孔子"祖述尧舜"已属不易，而司马迁又向前越过颛顼、帝喾二世而追踪至黄帝时代，这对于司马迁来说，无疑面临着能否考信、如何考信的挑战。选择了以黄帝为宗，意味着司马迁在撰著《史记》之初就给自己设置了一道高难度的史学命题。

在《五帝本纪》"太史公曰"中，司马迁没有言及其他，而是专门叙述了他求解这一难题的艰辛程度：

> 学者多称五帝，尚矣。然《尚书》独载尧以来。而百家言黄帝，其文不雅驯，荐绅先生难言之。孔子所传《宰予问五帝德》及《帝系姓》，儒者或不传。余尝西至空桐，北过涿鹿，东渐于海，南浮江淮矣。至长老皆各往往称黄帝、尧、舜之处，风教固殊焉。总之，不离古文者近是。予观《春秋》《国语》，其发明《五帝德》《帝系姓》章矣，顾弟弗深考，其所表见皆不虚。《书》缺有间矣，其轶乃时时见于他说。非好学深思，心知其意，固难为浅见寡闻道也。余并论次，择其言尤雅者，故著为本纪书首。②

---

① 〔清〕刘宝楠：《论语正义·雍也》，中华书局，1990，第236页。
② 〔汉〕司马迁：《史记·五帝本纪》，中华书局，2011，第42页。

从这段文字中见出，为了写好《黄帝本纪》，司马迁首先尽最大可能搜寻有关黄帝的文献资料以及各地传闻，然后对其真伪予以考辨。其考辨的原则是：其一，择其雅驯者，不雅驯者不从；其二，将野史杂传与信史相对照，不符合者不从；其三，一切文献资料以及各地传闻，都要以权威的古文经典为考辨依据；其四，对于《尚书》等缺失的部分，努力在其他文献中拾遗补阙。除上述四点外，司马迁还深以为，自己经过长时间的"好学深思"，对材料真伪的考辨以及如何弥补材料的不足，已经达到了"心知其意"而"难为浅见寡闻道也"的深远境界。这种因长期的史学研究而得以形成的"心知其意"的专业能力，对于司马迁撰写《五帝本纪》以及《史记》全书有着极其重要的意义。

在《史记》的其他篇章中，司马迁也多次谈及他撰著《史记》的考信方法与原则。归结起来，其基本步骤大体如下：

其一是"网罗天下放失旧闻"，力求详尽地占有一切原始资料。司马迁位居太史公，而当时"天下遗文古事靡不毕集太史公"，这为司马迁广泛占有历史材料提供了巨大的便利。他所网罗的不只是他认为可靠的六经正传，还包括有可能不太可靠的六经异传以及百家杂语，总之要"尽见天下之书，然后无遗恨"①，这就确保了撰著《史记》文献资料的广博性与多样性。

其二，要到实地考察访问，在历史人物活动与历史事件发生的"第一现场"采撷遗闻轶事，寻访历史遗迹与踪影。"迁生龙门，

---

① 〔宋〕郑樵：《通志·总序》，中华书局，1987，第1页。

耕牧河山之阳",有着丰富民间生活体验的司马迁本就有机会获得民间传闻资料。其所谓"余南登庐山,观禹疏九江,遂至于会稽太湟"①,"南游江、淮,上会稽,探禹穴,窥九疑,浮于沅、湘;北涉汶、泗,讲业齐、鲁之都,观孔子之遗风,乡射邹、峄;厄困鄱、薛、彭城,过梁、楚以归"②,"奉使西征巴、蜀以南,南略邛、笮、昆明"③,"余尝西至空桐,北过涿鹿,东渐于海,南浮江淮矣,至长老皆各往往称黄帝、尧、舜之处,风教固殊焉"④,诸如此类,显示出司马迁务求踏遍天下而无所遗恨的实证精神。田野调查和民间传说的相互印证,更确保了历史的真实性。

其三,在"网罗天下放失旧闻"以及广泛实地考察的基础上,司马迁要对所见所闻予以深入细致的整理与鉴别,在囊括各种学术思想的基础上对材料进行取舍以形成新的意识形态。司马谈认为"《易大传》曰:'天下一致而百虑,同归而殊途。'夫阴阳、儒、墨、名、法、道德,此务为治者也,直所从言之异路,有省不省耳"。⑤所以"务为治"的百家之言必然是司马迁不得不涉及的文献,其所谓"厥协六经异传,整齐百家杂语",有三层含义:"一是要对六经异传和百家杂语不同的乃至对立矛盾的史料进行取舍,构成一个前后一致彼此和谐的史书体系;二是博采六经异传的经学和百家杂语的观点构成一个协调和谐的历史评价系统;三是从六经异

---

①　〔汉〕司马迁:《史记·河渠书》,中华书局,2011,第1301页。

②　〔汉〕司马迁:《史记·太史公自序》,中华书局,2011,第2852页。

③　〔汉〕司马迁:《史记·太史公自序》,中华书局,2011,第2852页。

④　〔汉〕司马迁:《史记·五帝本纪》,中华书局,2011,第42页。

⑤　〔汉〕司马迁:《史记·太史公自序》,中华书局,2011,第2852页。

传的经学和百家杂语中吸取学术思想理论，在整合六经异传和诸子百家学术思想基础上构筑自己的学术大厦。"①司马迁协调儒家六经之异传，整齐诸子百家之语，不仅将各种学术思想纳入大一统的文化道统中来，不仅有文化整合之功，更有树立学术权威之意。

其四，司马迁承继文化道统，树立学术权威的总原则是"考信于六艺""本《诗》《书》《礼》《乐》之际"。所谓"夫学者载籍极博，尤考信于六艺"②，正言明了司马迁在"载籍极博"后以儒家经典为主要学理依据的原则立场，与此后扬雄所言"众言淆乱，则折诸圣"同义。考信于儒家而不考信于其他诸子，究其缘由，是因为在先秦诸子中唯有儒家重视历史文献的收集与整理，唯有儒家强调"不语怪力乱神""博学而笃志，切问而近思"知识理性、学术理性的重要性；与先秦儒家相比，其他诸子如道家好言"谬悠之说，荒唐之言，无端崖之辞"，法家则彻底否弃历史、否弃知识理性而以愚昧天下为能事。以六艺之言，孔子之术为断评论百家之是非，合乎此者有取，不合乎此者则无取，司马迁遂以《五帝德》《帝系姓》为主线和基本框架，吸收了《春秋》《国语》《尚书》等资料，融合"其轶乃时时见于他说"的《世本》《孟子》《吕氏春秋》《战国策》等书，相互发明印证完成了《五帝本纪》。

其五，在"尤考信于六经"的总原则下，司马迁对于史料"择其言尤雅者"；对于一些"禨祥不法"的志怪之说，则采取了"纪异而说不书"的态度："幽厉以往，尚也。所见天变，皆国殊窟穴，

---

① 刘宁：《〈史记〉叙事学研究》，中国社会科学出版社，2008，第84页。
② 〔汉〕司马迁：《史记·伯夷列传》，中华书局，2011，第1883页。

家占物怪，以合时应，其文图籍禨祥不法。是以孔子论六经，纪异而说不书。"①一部良史，首先是真实的历史。所以司马迁对一些混淆了神话的"荒诞不经""神而无验""久远不知"之语都阙而不录，选择了较为可靠、雅驯的实录，"辨而不华，质而不俚，其文直，其事核，不虚美，不隐恶"②，起到了辟除谬说、正本清源的作用。但一部良史，不仅是务求历史人物与历史事件、历史细节真实的历史，也应该是反映出人的精神观念（不论正确与否）的历史。虽然记录天象一类的图书文籍虽不足凭信，但也是一种精神现象的表现，是历史存在的一部分。所以对于这种特殊的历史存在，司马迁与孔子一样采取"纪异而说不书"的态度，保持着历史书写的包容性与开放性。

其六，对于久远的上古纪事，司马迁保持"疑则传疑"的审慎态度。在为历史编年列表时，司马迁提道："五帝、三代之记，尚矣。自殷以前诸侯不可得而谱，周以来乃颇可著。孔子因史文次《春秋》，纪元年，正时日月，盖其详哉。至于序《尚书》，则略无年月，或颇有，然多网，不可录。故疑则传疑，盖其慎也。""余读《牒记》，黄帝以来皆有年数。稽其历谱牒终始五德之传，古文咸不同，乖异。夫子弗论其年月，岂虚哉！"③"维三代尚矣，年纪不可考，盖取之谱牒旧闻，本于兹，于是略推，作《三代世表》第

---

① 〔汉〕司马迁：《史记·天官书》，中华书局，2011，第1249页。

② 〔汉〕班固：《汉书·司马迁传》，〔唐〕颜师古注，中华书局，1962，第2735页。

③ 〔汉〕司马迁：《史记·三代世表》，中华书局，2011，第412页。

一。"①司马迁所见《牒记》、谱牒旧闻等对黄帝以来的帝王都有年数记载，但司马迁认为"年纪不可考""夫子弗论其年月，岂虚哉"，故而舍五帝年代而不论，采取"共和以前但记世数"的处理办法，以"实录"保留史料的原貌，对疑惑之处也绝不轻易做出篡改或笼统地否定，体现其谨慎严肃的态度、力排众议的胆识和吸收异端思想的心胸。

其七，对于一个要撰写上下几千年历史的史家来说，即令"网罗天下放失旧闻"并进行了相关的实地考察，即令对占有的史料予以了深入考辨，还不足以重构一个连贯而生动真实的历史。这是因为，尽管史料纷繁，但总会有这样或那样的缺失，司马迁所谓"《尚书》独载尧以来"，"《书》缺有间矣"，说明了史料缺失的问题；而在史料与史料之间，又往往留下大片的历史空白。如何克服史料不足的困难，如何面对大片的历史空白，需要史家有对历史透辟的理解力，有能够越过历史屏障而直与历史感同身受的想象力。这种理解力与想象力的由来，既与史家长年的史学修养有关，也与史家的天赋有关。综观《史记》一书，能够见出司马迁有这样一种卓异的理解力与想象力。前引"非好学深思，心知其意，固难为浅见寡闻道也"②以及他多次言明自己"想见其为人"，说明了司马迁对历史的重构既有赖于史料的收集与辨别，又有赖于他卓异的理解力与想象力的发挥。极而言之，正赖以这种可以回溯到历史纵深处的连续性的理解力与想象力的发挥，司马迁思接千载，笔补

① 〔汉〕司马迁：《史记·太史公自序》，中华书局，2011，第 2859 页。
② 〔汉〕司马迁：《史记·五帝本纪》，中华书局，2011，第 42 页。

造化，将大片的历史空白化为生动真实的具体场景，追忆、想象、建构出远古帝王的形象。化虚为实，看似是一种虚构，实也是一种真实。因为历史终究是人的历史，在人的历史中，变化的只是一种表象，不变的是人的情感与欲念、人与人之间的基本关系、人类社会发展变化的基本规律。正如钱锺书在《管锥编》中所论："史家追叙真人实事，每须遥体人情，悬想事势，设身局中，潜心腔内，忖之度之，以揣以摩，庶几入情合理。盖与小说、院本之臆造人物、虚构境地，不尽同而可相通；记言特其一端。"①司马迁穿越时空置身"事"境的合理虚构和想象，通过有目的地对史实进行一番剪裁和调配得以展现。

只要史家对历史有足够的理解力与想象力，结合相关的史料，是有可能想见其人其事，重建历史的生动情境。司马迁言："网罗天下放失旧闻，略考其行事，综其终始，稽其成败兴坏之纪"②，"网罗天下放失旧闻，王迹所兴，原始察终，见盛观衰，论考之行事"③，实际上说明了史家具有整合历史、把握历史运动趋向与精神命脉、重建历史生动情境的再造能力。过多深陷于历史的材料中，有时反而会迷失自我而难以把握住历史变化的本质；而当既着眼于史料又不唯史料而论，有时反倒获得对历史的一种真知。从这一意义上说，司马迁"好学深思，心知其意""想见其为人"的理

---

① 钱锺书：《管锥编》，中华书局，1986，第164页。

② 〔汉〕司马迁：《史记·太史公自序》，中华书局，2011，第1883页。

③ 〔汉〕班固：《汉书·司马迁传》，〔唐〕颜师古注，中华书局，1962，第2735页。

解力与想象力，可以被视为一种"心证"历史的考信方法。以"考信于六艺"为主而兼之以"心证"方法，应当是《史记》一书之所以成为史学经典的关键所在。而正是因为司马迁对《五帝本纪》赋予了"心证"的想象力，所以造成了极具有个人情感色彩的历史书写，正如浦安迪所言："中国史书虽然力图给我们造成一种客观记载的感觉，但实际上不外乎一种美学上的幻觉，是用各种人为的方法和手段造成的'拟客观'效果。"①司马迁由此以第三人称的叙述人口吻站在全知视角展开对远古帝王的叙事，在传达时代精神的同时赋予哲学深度，体现出一定的艺术高度与质量。

有"学者称五帝"，"百家称黄帝"之百家之言，有儒者传《五帝德》《帝系姓》《春秋》《国语》等权威文献为证，有游历而得"长老称黄帝、尧、舜"之实地考察为据，有"其轶乃时时见于他说"为凭，有"表见皆不虚"之"深考"，有"其言尤雅者"之"择"，有孔子之论为"折衷"，此即为司马迁"好学深思，心知其意"的全部过程。文简意深，实为全书持论之本。程余庆所论"'非好学深思'，则不能'心知其意'，非'心知其意'，则不能辨其虚实而抉择于其间也。'好学深思'八字是作史本领，'浅见寡闻'四字，将'学者''荐绅先生''儒者'一齐抹倒"②甚为中肯。在整个《史记》的撰述中，司马迁基本上依照以上步骤对历史进行了重构。《史记》"第一人"黄帝就正是司马迁以上述步骤建构起的历史形象。司马迁多闻所以能阙疑，多所以能阙殆，《尚书》载尧舜而

---

① 〔美〕浦安迪：《中国叙事学》，北京大学出版社，2018 年，第 15 页。
② 〔清〕程余庆：《历代名家评注史记集说》，三秦出版社，2011，第 16 页。

史公载《黄帝颛顼帝喾纪》的论述，是其以"好学深思，心知其意"为作史之本，以"则其言尤雅者"为作史之法，"著为本纪书首"的极经意文字。对此，顾颉刚之论道出了司马迁以黄帝为始的用心和意义："《六艺》中的《尚书》是始于尧舜的；还有《礼》家杂记的《五市德》和《帝系姓》，虽然'儒者或不传'，究竟还为一部分的儒者所信，这两篇中的历史系统是从黄帝开始的。司马迁在他自己所立的标准之下，根据了这些材料来写史，所以他的书也起于黄帝。黄帝以前，他已在传说中知道有神农氏（《五帝本纪》）、伏羲（《自序》）、无怀氏和泰帝（《封神书》），但他毅然以黄帝为断限，黄帝以前的一切付之不闻不问。这件事看似容易，其实甚难；我们只要看唐司马贞忍不住替他补作《三皇本纪》，就可知道他在方士和阴阳家极活动的空气之中排斥许多古帝王是怎样的有眼光与有勇气了。"①

由此看来，以黄帝为始的《五帝本纪》对于《史记》全书既有着开宗明义的意义，也有着发凡起例的意义。尽管司马迁仍然谦称"厥协六经异传，整齐百家杂语""余所谓述故事，整齐其世传，非所谓作也"②，但我们认为，《五帝本纪》是司马迁对五帝历史的重构，其所谓的"整齐"是包含有个人主观倾向的文本再创造，赋予了历史材料新的意义，这对于我们"好学深思，心知其（司马迁）意"以探寻《五帝本纪》的叙事有着重要意义。

---

① 顾颉刚：《顾颉刚全集·史林杂识初编》，中华书局，2011，第408页。
② 〔汉〕司马迁：《史记·太史公自序》，中华书局，2011，第2856页。

第三节　《五帝本纪》中的黄帝形象

美国历史哲学家海登·怀特说："不论历史事件还可能是别的什么，它们都是实际上发生过的事件，或者被认为实际上已经发生的事件，但都不再是可以直接观察到的事件。作为这样的事件，为了构成反映的客体，它们必须被描达出来，并且以某种自然或专门的语言描述出来。"①就《史记》一书的实际来看，司马迁将《五帝本纪》作为"第一本纪"，又将"黄帝本纪"作为《五帝本纪》之首。"维昔黄帝，法天则地。四圣遵序，各成法度。唐尧逊位，虞舜不台。厥美帝功，万世载之。"②由此，司马迁以高古久远的黄帝为宗，开始了《史记》一书钩深图远的宏大叙述。

一、武功：武力征伐，守土保疆

与《史记》的诸多篇章一样，司马迁首先从黄帝的出处、姓名以及少时写起："黄帝者，少典之子，姓公孙，名曰轩辕。生而神灵，弱而能言，幼而徇齐，长而敦敏，成而聪明。"③这里没有任何

---

① 〔美〕海登·怀特：《新历史主义：一则评论》，引自王逢振等编《最新西方文论选》，漓江出版社，1991，第 499 页。

② 〔汉〕司马迁：《史记·太史公自序》，中华书局，2011，第 2859 页。

③ 〔汉〕司马迁：《史记·五帝本纪》，中华书局，2011，第 1 页。

神仙化的语言描写，有的只是出自人间的平实叙述。所谓"生而神灵"，只是说他生下来颇有灵性，与我们现在说某人初生时就有灵性别无二致；所谓"弱而能言"，也只是说他比其他人说话要早些。司马迁言黄帝"生而神灵，弱而能言"，比《抱朴子》言黄帝"生而能言，役使百灵"①更具真实性。所有这些表述，都不过是将黄帝作为一个比常人略有些特异的"人"来描写。与黄帝后来的伟大功业相比照，黄帝从出生到成年一些胜于常人的特异表现，都显得很正常，都给人以可信之感。少时略有些特异表现，渐渐地展示出自己的才干与德行，最终成为一个为天地立法则的伟大历史人物，这样一种人生发展轨迹，具有内在演进的逻辑必然性与历史必然性，也符合司马迁对历史人物"原始察终"而予以动态描写的原则与方法。

所谓史家之笔，就是拨开历史的层层迷雾，将历史人物尤其是伟大历史人物还原成一个真实的"人"来描写。历史人物尤其是伟大历史人物，他们首先是人，而后又是不平凡的人。在"人"的范围内书写，在"人"的范围内表现他们的不平凡处，这是司马迁在《史记》开篇文字中就给我们展示出的史家之笔。跟随着司马迁的史家之笔，我们来看看黄帝这位少时天资聪颖的历史人物是怎样地"法天则地"，怎样地在武力构建疆域和以德经营天下两方面都创下了"万世载之"的"厥美帝功"。

黄帝究竟是怎样地浮出历史的水面，究竟是怎样地成为万世足

①〔晋〕葛洪：《抱朴子内篇校释》，王明校释，中华书局，1985，第241页。

可效法的帝王，只有他的历史才能告诉我们。在接下来的文字中，司马迁以其客观陈述的笔触，给后人留下了只有"好学深思"才能"心知其意"的简练表述：

> 轩辕之时，神农氏世衰。诸侯相侵伐，暴虐百姓，而神农氏弗能征。于是轩辕乃习用干戈，以征不享，诸侯咸来宾从。而蚩尤最为暴，莫能伐。
>
> 炎帝欲侵陵诸侯，诸侯咸归轩辕。轩辕乃修德振兵，治五气，艺五种，抚万民，度四方，教熊罴貔貅䝙虎，以与炎帝战于阪泉之野。三战，然后得其志。
>
> 蚩尤作乱，不用帝命。于是黄帝乃征师诸侯，与蚩尤战于涿鹿之野，遂禽杀蚩尤。
>
> 而诸侯咸尊轩辕为天子，代神农氏，是为黄帝。①

以上这些文字，都简之又简，但又有着耐人寻味的意蕴。大凡一个伟大的人物都出于一个衰微的时代，或者反过来说，只有在一个衰微的时代，一个伟大的人物才能够应运而出。黄帝出于"神农氏世衰"之时，当时"诸侯相侵伐，暴虐百姓"，神农氏因"世衰"而"弗能征"。黄帝少时天资聪颖，待到壮年时世道衰微，他的才干才有了渐次展露的机会。神农氏不"世衰"，诸侯就不会"相侵伐"；诸侯不"相侵伐"，百姓就不会被"暴虐"；百姓不被"暴

---

① 〔汉〕司马迁：《史记·五帝本纪》，中华书局，2011，第3页。

虐"，天下就没有呼唤救世者出现的渴望。少时天资聪颖而最终"泯然众人矣"，这样的事例，古今不在少数。而黄帝最终没有"泯然众人矣"，其中一大根由是他所处的时代需要一位有着特殊才能的人应世而出。既然神农氏"弗能征"，那么黄帝这个"能征"者就必然要浮出历史的水面。依此看来，黄帝浮出历史的水面，既符合他那个时代的需要，也符合他自身能力发展的需要。司马迁史笔的可信，就在这样一种词约义丰中得以呈现。

在"诸侯相侵伐，暴虐百姓"之时，不以武力征伐就不能平定天下。"于是轩辕乃习用干戈，以征不享。"黄帝首先靠的不是仁德这类柔性的道德力量，而是刚性、强硬、铁血的手段而声名大振。先以"力"而非"德"名于天下，这也可以看成是司马迁史家之笔的表现。因为有强力，"诸侯咸来宾从"，但黄帝的强力并非所向无敌："蚩尤最为暴，莫能伐。"黄帝强力的有限性，又可以看成是黄帝是人而不是神这一历史真实的反映。

黄帝先是为神农氏而征诸侯，后又为诸侯而征炎帝。唐人张守节《史记正义》与宋人裴骃《史记集解》，都认为神农氏即为炎帝，这种观点被广大学者所接受。但唐人司马贞《史记索隐》认为"神农氏世衰"是指"神农氏后代子孙道德衰薄，非指炎帝之身"①，也就是说，这里的神农氏是被尊为天子的氏族团体的指称，泛指神农氏后代子孙，不是特指神农氏本人，更不是指炎帝其人。笔者认为司马贞之说有一定的合理性，但司马迁言"诸侯相侵

---

① 〔汉〕司马迁：《史记·五帝本纪》，中华书局，2011，第4页。

伐，暴虐百姓，而神农氏弗能征"①，明确表示神农氏衰弱的具体表现是"不能征"：既不能平息"诸侯相侵伐，暴虐百姓"的叛乱，也不能使诸侯来享，并不是司马贞所言"道德衰薄"。神农氏不能征服诸侯叛乱，于是轩辕"乃习用干戈"，开始修炼武功代为征伐，轩辕能征而使诸侯"咸来宾从"神农氏，已经在诸侯中树立起一定的权威，可见轩辕开始具备了强于神农氏的军事实力，并有取而代之的动向。但此时轩辕的军事权威仍是有限的，因为"蚩尤最为暴，莫能伐"，而轩辕在充分准备的情况下与炎帝三战才艰难取胜，可见炎帝的实力与轩辕的实力相当。如若以裴骃、张守节之意，神农氏即为炎帝，那与前文所述"神农氏世衰"明显相矛盾。在政治地位上，神农氏为帝王，炎帝与轩辕、蚩尤皆为诸侯。司马迁后叙轩辕代"神农氏"而为帝王，并未说代"炎帝"而为帝王，也可说明炎帝与神农氏并非一人。另外，司马迁称"炎帝欲侵陵诸侯"，倘若炎帝与神农氏为同一人，司马迁以"侵陵"一词指称身处上位的神农氏欺侮下位的诸侯，也似乎有些用词不当。尤值得注意的是，司马迁在叙述黄帝战胜炎帝后称"蚩尤作乱，不用帝命"，这里的"帝"不可能指的是已经战败的炎帝，而只能指神农氏。综上所述，笔者认为炎帝与神农氏虽属一系但并非一人。从神农氏到诸侯再到百姓，是势力由强到弱的氏族团体的指称，而蚩尤与炎帝是势力较强的诸侯个体代表。

　　将神农氏与炎帝区别为二人，我们就能够比较合理地理解司马

---

　　① 〔汉〕司马迁：《史记·五帝本纪》，中华书局，2011，第3页。

迁有关黄帝两次征伐的文字载述。黄帝先为"不能征"的神农氏出征"暴虐百姓"的诸侯作乱，具有充分的正当性。而当"炎帝欲侵陵诸侯"时，黄帝似乎并没有出征炎帝的充分正当性。原因有二：其一，炎帝只是表现出意欲侵陵诸侯的图谋，还没有正式实施侵陵诸侯的实际行为；其二，炎帝虽与当政的神农氏并非一人，但可能是神农氏的亲信或者就是神农氏家族的重要成员，其"欲侵陵诸侯"的图谋可能得到了神农氏的默许甚或授意，因为前此诸侯作乱损害了神农氏的权威，神农氏借炎帝之手以泄私愤，也不是没有这种可能。不论怎么说，与前此出征诸侯相比，在炎帝"欲侵陵诸侯"而未正式实施其侵陵行为时，黄帝想要征伐炎帝，还缺少足够的正义性。故此，不同于前此黄帝纯以"力征"，黄帝在征伐炎帝前开始了修德行义的积累过程："炎帝欲侵陵诸侯，诸侯咸归轩辕。轩辕乃修德振兵，治五气，艺五种，抚万民，度四方，教熊罴貔貅貙虎，以与炎帝战于阪泉之野。"细读这段文字，我们可以看出黄帝少时的"聪明"绝非空言：炎帝"欲侵陵诸侯"，诸侯人人自危，表现出"咸归轩辕"的共同趋向。由黄帝征伐诸侯到诸侯"咸归轩辕"，说明了黄帝通过"力征"建立了自己的威势。另一方面，诸侯"咸归轩辕"，也当与黄帝或隐或显地表现出一定的德行有关。要而言之，诸侯之所以"咸归轩辕"，一则是因为诸侯知晓黄帝有保护他们的征伐实力，二则是因为诸侯感受到了黄帝异于神农氏的德行。既有显在的"力"又有潜在的"德"，这就使得黄帝看到了自己有取代神农氏的现实可能。故此，黄帝"修德振兵"，力求为决胜炎帝并进而取代神农氏奠定坚实的基础。从司马迁的文字表述看，从"诸侯相侵伐，暴虐百姓"到"轩辕乃习用干戈，以征不享，诸侯咸来宾从"，从"炎帝欲侵陵诸侯"到"诸侯咸归轩辕"，从"诸侯咸归轩辕"到"轩辕乃修德振兵"，从"轩辕乃修德振兵"到"以与炎帝战于阪泉之野"，轩辕先"习用干戈"替百姓征诸侯，然后"修德振兵"替诸侯战炎帝，然后"征师诸侯"而替神农氏擒杀蚩尤，最终被诸侯尊为天子。从炎帝到蚩尤到诸侯到百姓，显示出多种势力的存在，而黄帝从战诸侯到战炎帝到战蚩尤也显示出次第以进的内在逻辑进程，显示出黄帝善于见微知著、钩深图远的战略眼光。这种善于见微知著、钩深图远的战略眼光，正与黄帝少时的"敦敏""聪明"一脉相承。

在战胜炎帝后，黄帝无疑在"力"与"德"两方面都取得了足可取代神农氏的绝对优势。凭借这一绝对优势，黄帝乃自发号令而"征师诸侯"，不再像前此征伐诸侯那样需要以神农氏的名义代行出征之事，这事实上就等于以帝王自居了。纯以自己的声名发号施令，能够尽情展示自己"登高一呼，云集相应"的感召力与领导力，又挟三战炎帝而大胜之余威，黄帝终于诛灭了"最为暴，莫能伐"的蚩尤。在此情势下，"诸侯咸尊轩辕为天子，代神农氏"就势在必然了。至此，司马迁以史家之笔，初步完成了对黄帝这一重要历史人物的形象定位。

自幼敦敏聪明，先以力征安定天下，再以修德感化天下，最终上位成为帝王，这样一种具有内在行进性的生命历程，完全是在"人"的范围内展开的，不带有一丝一毫"神"的色彩。其中对于黄帝由诸侯而得以上位为帝王的描写，显示出黄帝深藏不露的个性特征，尤给人以真实可信之感；而司马迁对于黄帝最初形象的描写，也主要侧重于描写他的"聪明"与能"力征"，几乎不见有对黄帝道德化的虚词滥说，这无疑又大大提高了黄帝这一历史人物的可信程度。

在司马迁接下来的文字表述中，我们可以继续看到黄帝以力征为主而以修德为辅的形象特征，可以继续看到司马迁将黄帝作为一个真实的"人"来描写的历史客观性："天下有不顺者，黄帝从而征之，平者去之，披山通道，未尝宁居。东至于海，登丸山，及岱宗。西至于空桐，登鸡头。南至于江，登熊、湘。北逐荤粥，合符釜山，而邑于涿鹿之阿。"①观察黄帝一生的主要作为，首先就在于征诸侯，征炎帝，征蚩尤，征一切不顺者，通过一系列的征伐行为，平息内乱，安定天下，树立威名，上位帝王，不断地拓展领土范围，奠定了东至于海、西至空桐、北至黄河、南至长江的疆域规模。后来的华夏民族乃至中华民族，正是以这样一种疆域规模为基础，逐渐形成了东至大海、西至中亚腹地、北至蒙古高原、南至南中国海的大中国格局。可以说，在黄帝的努力下，中国人几千年来生存活动的核心疆域大体得到确立。在中国历史上，黄帝堪称"恢我疆域"的历史第一人。

特别需要强调的是，黄帝在平息内乱以及拓展疆域的进程中所采取的力征行动都具有相对的正义性。对付暴力内乱，非力征不可；在北温带这个最适合于古代人类生存与发展的地区为本民族拓

---

① 〔汉〕司马迁：《史记·五帝本纪》，中华书局，2011，第5-6页。

展出辽阔的疆域，也势必要靠强力征伐方能实现。当时人类还处于野蛮血腥的原始时代，如若没有一种强力的支撑，何以能够平息人类彼此之间低层面的野蛮拼杀，又何以为本民族打造出一方足可生息的辽阔领土？即使在 21 世纪的今天，如果只强调道德的作用而没有一种能征能伐的国防力量作为保障，也很难确保国家主权的神圣不可侵犯。而后世学者多因黄帝以征战得天下，且与炎帝大战有犯上作乱或内部权力相争的嫌疑，对其妄加讥议："以臣伐君犹有惭德，而况为之后者！信或有之，则黄帝贼矣，尚得为圣人乎？"[①]诸如此类的讥议，实在是未能领会司马迁在叙史时的客观严谨态度，未能认知到黄帝力征行动的必要性与重要性。

黄帝"习用干戈"而以武力征服得天下，不唯是历史的必然，更是后世治军征战图王霸业之楷模。就本质而言，黄帝的力征，是为了平息"暴虐百姓"的内乱，是为了"抚万民""造我区夏"，"恢我疆域"，这是从任何本民族的角度都可以给予正义性评价的一种"武德"表现。《汉书》载郦食其之言曰："夫汉王发蜀汉，定三秦；涉西河之外，援上党之兵；下井陉，诛成安君；破北魏，举三十二城：此黄帝之兵，非人之力，天之福也。"[②]《北史》载隋炀帝伐高丽诏有曰："黄帝五十二战，成汤二十七征，方乃德施诸侯，令行天下。卢芳小盗，汉祖尚且亲戎；隗嚣余烬，光武犹自登陇。

---

① 〔宋〕范浚：《香溪集》第六卷《五帝纪辩》，中华书局，1985，第 52 页。

② 〔汉〕班固：《汉书·郦食其传》，〔唐〕颜师古注，中华书局，1962，第 2109 页。

岂不欲除暴止戈，劳而后逸者哉。"①《新唐书》载魏徵之言曰："五帝、三王不易民以教，行帝道而帝，行王道而王，顾所行何如尔。黄帝逐蚩尤，七十战而胜其乱，因致无为。"②都肯定了黄帝征战的必要性。而司马迁对黄帝繁复而周密的战争叙述都在突出黄帝在易代之际战争的正当性，且强调其为天力和人力共同作用的结果。黄帝既以身作则，修行德业，达到了德政对执政者自身的要求；又整顿军旅，研究节气变化，丈量土地，种植五谷，安抚百姓，达到了德政对体恤百姓的政策要求，其"修德振兵"文事武备并用的"力征"功在当世而泽被万代。我们作为炎黄子孙，切勿以浅薄的和平主义者的论调，对黄帝的武德做出不切实际的否定。

二、文治：勤勉修德，化育天下

平乱世要用武力，而治天下要用德政。黄帝不仅通过武德平定天下，协和万国；而且注重修德治民，以文德经营天下，为天下的长治久安以及推动社会向前发展做出了重大贡献。

其文德主要体现在：

其一，黄帝在"恢我疆域"的过程中，"披山通道，未尝宁居"。自古以来，道路交通对于经济发展、人口迁移、军力转移、政令传达、资源调度等都有重要作用。古代君王对于道路交通重要性的认识可以说是起于黄帝。黄帝积极拓展远距离交通实践，一方

---

① 〔唐〕李延寿：《北史·隋本纪》，中华书局，1974，第463页。

② 〔宋〕欧阳修、宋祁：《新唐书·魏徵传》，中华书局，1975，第3870页。

面是为了能迅速出兵征伐不顺者，加强对统治地区的控制，强化统一格局，另一方面也是为了打开人流与物流的通道，为偏僻愚昧的人民带去文明的光亮。司马相如称"夷狄殊俗之国，辽绝异党之域，舟车不通，人迹罕至，政教未加，流风犹微，内之则犯义侵礼于边境，外之则邪行横作"①，说明了开辟交通对于传播文明的重要性。中国自古以来疆域辽阔，地理环境复杂，高山深壑、大江大河很多，这对于文明的传播造成了极大的困难。但我们这个民族并未畏难于地理上的山高水长，而是以顽强精神见山开路，遇水造舟，渐次将疆域辽阔的中国凝聚成四通八达的命运共同体、文化共同体。在中国历史上，黄帝"披山通道，未尝宁居"，为将中国打造成不因山水阻隔的命运共同体、文化共同体付出了自己艰苦的努力，堪称大规模开拓天下交通的中国历史第一人，开创了"一统"历史图景的构建。

其二，将一个多民族的地区打造成命运共同体、文化共同体，不但需要"披山通道"，而且需要建立一整套行之有效的制度。中国疆域辽阔，又有山川阻隔，容易造成地方割据，造成因分裂而彼此争斗的混乱局面。为了天下的长治久安，为了天下的和平发展，黄帝在确立了东至于海、西至空桐、北至黄河、南至长江的疆域规模后，以其不辞劳苦的精神，不停地奔走在这片辽阔的土地上，时时巡行，居无定所，为的是巡行访察，亲自了解各地的风土人情以及基本动向。每到一处，黄帝都要设置监国大臣，建立起遍布天下

---

① 〔汉〕司马相如：《司马相如集校注》，朱一清、孙以昭校注，人民文学出版社，1996，第125页。

的监察体系。黄帝还与诸侯各国合符釜山，共同结盟，明确共同守御天下的神圣职责。在中国历史上，黄帝堪称建立君主巡行天下制度的历史第一人，堪称建立有效管辖诸侯制度的历史第一人。

其三，"国之大事，在祀与戎。"①黄帝在安定天下后，法天则地，大行鬼神山川封禅之事，屡屡举行祭祀天地山川的大典。司马迁曰："而鬼神山川封禅与为多焉。"②这就是说，黄帝不一定是开启祭祀天地山川活动的历史第一人，但应当是将祭祀天地山川推为盛大仪式并予以制度化、常态化的历史第一人。《白虎通义》曰："王者易姓而起，必升封泰山何？报告之义也。始受命之日，改制应天，天下太平功成，封禅以告太平也。所以必于泰山何？万物之始，交代之处也。必于其上何？因高告高，顺其类也。故升封者，增高也。下禅梁甫之基，广厚也。刻石纪号者，著己之功迹以自效也。天以高为尊，地以厚为德。故增泰山之高以报天，附梁甫之基以报地。明天之命，功成事就，有益于天地，若高者加高，厚者加厚矣。"③《后汉书·祭祀志》注引袁宏语曰："崇其坛场，则谓之封；明其代兴，则谓之禅。然则封禅者，王者开务之大礼也。"④黄帝在世界上最大的两河流域黄河与长江间建立起一片辽阔壮丽的疆域，理当以庄重之心视之为皇天后土而予以礼敬，以宣示统理天下

---

① 杨伯峻：《春秋左传注》，中华书局，1981，第861页。
② 〔汉〕司马迁：《史记·五帝本纪》，中华书局，2011，第6页。
③ 〔汉〕班固撰集：《白虎通疏证》，〔清〕陈立疏证，吴则虞点校，中华书局，1994，第278页。
④ 〔南朝宋〕范晔：《后汉书》，〔唐〕李贤等注，中华书局，1965，第3171页。

的合法性和天子的权威性。在中国历史上，黄帝堪称正式建立祭祀天地山川制度的历史第一人。

其四，"迎日推策"，定正朔。在《历书》中，司马迁说："王者易姓受命，必慎始初，改正朔，易服色，推本天元，顺承厥意。"也就是说王者易姓时"改正朔"为"慎始初"的必为之举。又言："神农以前尚矣。盖黄帝考定星历，建立五行，起消息，正闰余，于是有天地神祇物类之官，是谓五官。各司其序，不相乱也。"①所以在中国历史上，黄帝堪称易姓受命改正朔，建历法的历史第一人。

生息在这片皇天后土间，这里的子民应当得到有效的治理，应当有着良好的秩序，应当明理通达而不愚昧凶顽，应当懂得劳作节用，应当将这片皇天后土建设成"时播百谷草木，淳化鸟兽虫蛾"的繁茂而具有生态文明的一方天地。在世界的东方，古代中国人最先懂得人类的生产与生活要顺应天地节候的变化，最先明辨幽明死生之理以安顿自己的生命与灵魂，最先体察到民族与个人存亡之难而形成自己勤勉节用的民族特性。中华民族自古以来强调天人合一，强调人与自然的协调发展，强调人对于生死存亡的理性认知，强调劳作节用的重要性，在此基础上形成了不虚妄、不迷信而能够奋起有为、刚健自强的人文品格和民族根性。寻究中华民族之所以能够生生不息而创造出文明延续至今的人类奇迹，就根源于这一奋起有为、刚健自强的人文品格和民族根性；而这一奋起有为、刚健

①　〔汉〕司马迁：《史记·历书》，中华书局，2011，第1179页。

自强的人文品格和民族根性的由来，又无疑肇始于黄帝当年的所作所为。对此，胡一桂盛赞曰："至黄帝之世，实为文明之渐。昔之穴居野处者，今始有宫室。昔之污樽抔饮者，今始有什器。昔之结绳而治者，今始有书契文字。昔之皮革蔽体者，今始有冠冕章服，其诸制器利用，难以枚举，强骏乎非复昔日朴野之俗矣。六术之中，律历为要，历以斗柄建寅，春正月为岁首，律以黄钟之官声发于自然，为十二律之本，度量衡之所由出。三者合律，然后措之天下。田可分，禄可均，礼可制，乐可作，故律也者万物之根本也，其通变而使不倦，神化而使民宜，垂衣裳而天下治者如此。至和氤氲，群生安乐，凤凰巢阿，麒麟游郊。盛矣哉，五帝之世也。"①所以黄帝被奉为中华民族"人文始祖"，不为虚言。

综上所述，黄帝在平定天下后，不仅没有丝毫松懈，反而愈加勤勉，劈山开路，巡行四方，祭祀天地，建立制度，修德化民，迁徙往来无常处。黄帝通过自己"未尝宁居"的四处奔走，对这片辽阔大地的了解触及根部，由此制定出了与这片辽阔大地相适应的管理制度、历法制度以及物尽所用而不过度破坏自然环境的农业发展模式，做到了多民族的和谐相处，做到了人与自然的动态和谐。黄帝是躬身于这片辽阔大地的开拓者与守护者，是深深了解并异常珍惜这片辽阔大地的智者与仁者。正因如此，黄帝在这片辽阔大地上得祥瑞之兆，司马迁称其"有土德之瑞"，《白虎通义》称"黄者，

① 〔元〕胡一桂：《双湖先生文集》卷六《史篡通要纲断·黄帝有熊氏》，转引自赵光勇、吕新峰编《史记研究集成·十二本纪·五帝本纪》，西北大学出版社，2019，第45页。

中和之色，自然之性，万世不易。黄帝始作制度，得其中和，万世常存，故称黄帝也"①，后世称其"黄帝"而与黄土、黄河并立为三。而黄帝征战、设官、推历、治民等经世的努力与成就，为中国历史的"大一统"坚实奠基。自此而后，黄帝子孙就以黄土、黄河为最初的核心地带，在黄帝打拼下的这片广阔土地上，将黄帝遗留下的功业不断地发扬光大，后世数千年王朝皆在"一治一乱"的轮回中将框架统一、文化一贯的历史传统延续。

第四节　黄帝叙事的意义评估

司马迁开宗明义，将黄帝作为《史记》的开篇人物，确立了黄帝作为华夏文明始祖的地位。自此而后以至于今日，虽斗转星移，"黄帝子孙"已然成为华夏儿女共同的文化记忆。这是司马迁对整个中华民族的重大贡献。

一、由名到实、由生到死的完整形象

"中国神话'人本位'的倾向，使得'前文字时代'关于神的口传知识转化成人的功业，从孔子释'黄帝四面'已开始将古代神

---

① 〔汉〕班固撰集：《白虎通疏证》，〔清〕陈立疏证，吴则虞点校，中华书局，1994，第278页。

话历史化。"①"在神话由口头流传到被记载于书面的漫长过程中，实际上却不约而同、齐心合力地进行着一件事，那就是竭力冲淡乃至抹杀神话的幻想色彩，按照'缘物之情及人之情以为所闻'（见《吕氏春秋》）的原则，重新阐释传承而来的神话故事，从而把充满着古人不自觉的艺术想象的神话从文学艺术的园圃中放逐出来，驱赶到史学和政治学的领地中去。经过历史化，亦即人伦化、社会化、政治化的中国古代神话，以失去其完整有序的体系和天真瑰丽的色彩为代价，成为加强政治统治的思想工具，同时也为中国历史增添了许多使后人聚讼的'伪史'。这就是神话历史化在中国的独特表现。"②而"神话历史化的实质，可以一言以蔽之，那就是将人类在大自然伟力刺激下所进行的自觉与不自觉艺术创作人为地、有时甚至是勉强地转变、改造为以真实可信为基本特征的历史记述"③。降至司马迁所处的"文字时代"，"人本位"的观念已非常突出。《五帝本纪》断自五帝作为纪史元始，而不取洪荒之前支离之说，在中国叙事文"神话—史书—明清奇书文体"发展途径的链条中，是链接神话与史书的重要端口，此即扬雄所言"圣人将有取焉"。

如果说从茫昧迷离的远古史料中撇开混沌的传说，寻觅出黄帝这位初建一统的创始人物作为中国历史的开端，以此构建起由黄帝到武帝而渐次清晰的大一统历史架构，是司马迁将历史书写科条

---

① 袁珂：《古神话选释》，人民文学出版社，1979，第 102 页。

② 董乃斌：《中国文学叙事传统论稿》，东方出版中心，2017，第 321 页。

③ 董乃斌：《中国文学叙事传统论稿》，东方出版中心，2017，第 328 页。

化、谱系化的史学实践；那么在对黄帝叙写中，剔除笼罩在黄帝身上的神仙色彩，将黄帝还原成一个由虚而实、有生有死的"人"的完整形象，则是司马迁以"人"的目光审视并描写历史人物的人学阐释。由此，司马迁通过《史记》开篇对黄帝这一人物形象的描写，从史学与人学两个方面为《史记》全书的书写奠定了总的原则与基调。由此，《史记》作为中国第一部以人物为中心的纪传体通史，其最初气象在《史记》开篇中就已呈现出来，成为古代帝王叙事的精神渊薮。

司马迁在开篇介绍完黄帝的出身后，以四字排句顺次将黄帝由出生到成年的成长过程进行概括："生而神灵，弱而能言，幼而徇齐，长而敦敏，成而聪明。"①这四字排句简之又简，不似《项羽本纪》《陈涉世家》等诸多纪传写传主少时有实例说明，这主要是因为黄帝为远古人物，其少时事迹失传而无法建构；世间虽有一些关于黄帝神仙事迹的传闻，又虚妄不实，司马迁不能据此编撰而只能代之以简之又简的虚笔描写。这样简之又简的虚笔描写，虽表明了黄帝一开始就有诸多过人之处，但不论怎么说，这些过人之处都终在"人"的范围之内，而不在"神"的范围之内。由此，司马迁以简之又简的谨慎方式，完成了对黄帝少时的虚笔勾画。"这种大跨度的时间速度跳跃，使叙事层面由历史法则或天人之道，转移到诸多朝代的更替，再转移到特定的一个朝代的兴衰，最后逗留在书中主要人物的不同凡响的出场。叙事速度的大跳跃，导致叙事形态融

---

① 〔汉〕司马迁：《史记·五帝本纪》，中华书局，2011，第 2 页。

合了虚与实、疏与密，天道与人事，生发出丰富的文化内涵和艺术生命。"①黄帝不同凡响的出场简化为五个四字排句，二十字概括了黄帝少年近二十年的人生，这是司马迁"在文本疏密度和时间速度的操作中，进行着的是一场人与历史的慷慨激昂而又苍凉悲远的对话"②。而这种大跨度、高速度的时间流叙事的宏观操作中，充满对历史、人生的透视感和预言感，在之后的叙事中被一一印证。

司马迁对黄帝少时极其简括的虚笔勾画，无论对黄帝形象的塑造还是对《史记》全书的写作，都具有不可忽视的价值与意义。司马迁撰写历史，务求"原始察终，见盛观衰"，有着明确的整体历史观念。在整体历史观念支配下，司马迁描写历史人物，也务求将历史人物一生的行进过程完整地呈现出来。《史记》之所以被称为纪传体，其一大根由就在于《史记》全面地而非断面地、动态地而非静态地展示了众多历史人物的一生，很好地体现了人物传记书写完整性的本质特征。由于史料的缺乏，司马迁对于黄帝"少时"的叙写，不可能像叙写陈涉、项羽等近世人物"少时"那样有着具体生动的细节、情节，但这并不意味着司马迁不能以应然的笔墨对黄帝"少时"予以虚写。从纪传体完整性要求的角度看，司马迁也不能不对史料缺乏的黄帝"少时"做出"想见其为人"的合理想象并予以合理性的补写。对于史家而言，历史终究是过去的历史，其中存在着诸多没有史料支撑的历史空白，需要史家以补笔的形式予以填补，否则历史的书写就无法完成。问题的关键在于，这样的补笔

① 董乃斌：《中国文学叙事传统论稿》，东方出版中心，2017，第145页。
② 董乃斌：《中国文学叙事传统论稿》，东方出版中心，2017，第145页。

是否符合历史演进以及人物特性发展的内在逻辑。以司马迁"原始察终，见盛观衰"的历史识见，司马迁在《史记》一书中的大量补笔都大体遵循着历史演进以及人物特性发展的内在逻辑。作为一个务求"网罗天下放失旧闻"的伟大史家，司马迁当然希望有黄帝"少时"的确凿史料，但如果没有，他也可以反过来"原终察始"，见著观微，由黄帝后来的卓异表现"想见其"少时的情形，以此"查遗补阙"，完成对黄帝一生完整性的描写。

　　在后续的黄帝书写中，司马迁对黄帝少时的简笔虚写都落到了实处。前面说黄帝"生而神灵，弱而能言"，具有精神灵动、善于语言沟通的天赋；后面称黄帝"顺天地之纪，幽明之占，死生之说，存亡之难"①，具有顺应天地自然规律并能辨明死生存亡之理的觉识，两者之间，分明有着前后相应的内在关联。同样，后面之所谓"修德振兵，治五气，艺五种，抚万民，度四方，教熊罴貔貅貙虎"，黄帝这些在军事、农业、政治乃至教养动物等方面所表现出的特异才能，也与前言"生而神灵，弱而能言"一脉相承。前面说黄帝"幼而徇齐，长而敦敏"，幼时智虑敏捷，长大后敦厚勤勉，既才智敏捷又能脚踏实地；后面称黄帝统一天下后奔走四方，可谓是对前面所言"幼而徇齐，长而敦敏"的升级。总之，黄帝"生而神灵"而至于"成而聪明"，故而能上听天意，仰观天象；下听民意，俯察民风，"治五气，艺五种，抚万民，度四方"。由此看来，司马迁对黄帝少时的简笔虚写，到了后来都得到了有力的

①　〔汉〕司马迁：《史记·五帝本纪》，中华书局，2011，第6页。

说明。

从笔法上看，在"生而神灵，弱而能言，幼而徇齐，长而敦敏，成而聪明"这四句间笔虚写后，司马迁即以"轩辕之时"四字转入了重笔实写。也可以说，前文尾句"成而聪明"既是上文的结语，又顺利地引出下文首句"轩辕之时"。轩辕黄帝"成而聪明"之时，所做的第一件大事就是以征伐得天下。由司马迁的叙述，我们看到，在与炎帝、蚩尤的角逐中，黄帝一开始的实力并不是最强的：他三战才能胜炎帝，征师诸侯后才能战蚩尤。但黄帝的聪明之处就在于，他能准确判断形势，及时把握机会，在提高自身能力的同时善于借助别人的力量：为了"征不享"而"习用干戈"，为了"与炎帝战"而"修德振兵，治五气，艺五种，抚万民，度四方，教熊罴貔貅䝙虎"①，为了"与蚩尤战"而"征师诸侯"，而且这些征讨之战都是在有正义性理由的前提下进行的。从练兵出征到修德教民再到征师诸侯，黄帝的军事战略也随着对手实力的强大不断改进，由一方作战发展到联合作战，最终取得成功，顺利成为天子，一切看似在不经意间，实则都是黄帝努力的结果。至于从农业发展到畜牧业，为人类生存创造更多的生活资料，也是黄帝"成而聪明"之处。在五六千年前那个万物自然的世界里，黄帝既要维持社会的稳定，还要维持人类的生存、生活与生产。"淳化鸟兽虫蛾"，在与野兽搏斗以维护人类生存的同时，别开淳化驯养动物之生面，做到人与动物和谐相处，这是何等的聪明；而"节用水火材物"，

① 〔汉〕司马迁：《史记·五帝本纪》，中华书局，2011，第3页。

懂得珍惜万物而不肆意浪费，又是何等具有前瞻性的智者眼光。

对黄帝品德、功绩静态化的虚笔叙事，不仅排除了神话中帝王的神性色彩，而且弱化了远古久远的时间延展，但同时强化了事件在空间上的呈现，体现出空间化的思维方式。对黄帝的虚笔勾勒，作为叙事元始的功能，"一是以巨大的时间跨度，储存的天人之道的文化密码；二是以湍急的时间流转速度的冲力，激发历史发展逻辑与天人之道的对接和呼应。除此之外，它还以高速的时间流转及其携带的文化密码，引发人们对永恒和瞬间的生命体验"①。这种重本体而善于画图案，保留了骨架与神韵而非具体细节的叙事方式"使叙述平面化，非叙述化，其突出的功能是让后人通过这种直录式的对话，如闻其声，如见其人，似乎透过语言而直接聆听到古圣王那充满寓意的深刻教诲；缺少情节的概述尽管略显枯燥，却能使复杂的事情简单化为善恶分明的黑白两极，而一涉故事，便难免与流传的神话相联系，这是史官的理性精神所不允的。而且一种模式形成，便对后代产生了启示性作用"②。

借着司马迁的史家之笔，我们看到，黄帝不唯有像黄土一样厚重载物的德行，而且具有善用眼前皇天后土的聪明才智。他教天下子民"顺天地之纪，幽明之占，死生之说，存亡之难"，他自己也势必对"天地之纪，幽明之占，死生之说，存亡之难"有着更为透彻的理解。正因如此，他深知人生有存亡之难，人的生命终有完结的时候。也正因如此，他深知自己的生命也有完结的时候。因为人

① 董乃斌：《中国文学叙事传统论稿》，东方出版中心，2017，第132页。
② 丁琴海：《中国史传叙事研究》，北京国际文化出版公司，2002，第83页。

生有存亡之难，因为人的生命终有尽时，所以黄帝一生"未尝宁居"，不敢懈怠。他终以自己的聪明与勤勉，为我们这个民族创下了伟大的基业。"黄帝崩，葬桥山"，随着这一结语的落下，司马迁完成了对黄帝一生的描述。至此，一个由虚而实、有生有死的伟大帝王的形象就永垂青史而难以磨灭了。

二、创业垂统、为万世规的帝王榜样

中国史学盖因兴于注重人文的儒家之手，向来以"人"为本位而描述历史，建构历史。司马迁秉承了这一传统，始终从"人"的角度去思考历史的进程与发展规律，并创制出了以人物为中心的"纪传体"体例。

司马迁称"百家言黄帝，其文不雅驯"，大概是因为百家尤其是神仙家给黄帝笼罩上了浓重的神仙色彩；而百家之所以好言黄帝，也大概是因为此前就有人将黄帝神仙化了。黄帝"且战且学仙"的传闻，就是黄帝被神仙化的一种反映。司马迁在记叙黄帝这一《史记》第一"人"时，需要从纷繁芜杂且带有神异色彩的神话传说中厘清其"人"的属性，褪去神话色彩，将黄帝还原成一个非"怪力乱神"的历史人物。一方面是"百家言黄帝，其文不雅驯"，一方面又是"《尚书》独载尧以来"，"荐绅先生难言之"。由于百家对黄帝的神仙化以及真实史料的严重缺失，司马迁只能从极其有限的史料中，从虚实不定的材料中，去努力追寻、把握黄帝这一历史人物。

诚如徐孚远在《史记测议序》中所言："史者记事之书也，传远则难征，难征则体疏也。"①由于去今久远，黄帝的真实形象难以确切描述；但黄帝毕竟是一个曾在历史时空中真实存在过的重要历史人物，透过有限而似幻似真的文献载述及传闻，有关他的一些重要事迹还是可以考证出来。具体形象难以描述但大体框架可以建立，司马迁因此对黄帝做出了简史性的粗线条勾勒而少有细致生动的细节描写。从一定意义上说，对于远古历史人物，越少细节化描写，就越显得真实可信；越多细节化描写，就越显得虚妄不真。易言之，司马迁对黄帝做出的简史性的叙述，既是"传远则难征"的无奈之举，也是一种明智的选择。对于司马迁来说，他从不缺乏对历史的想象能力，但在面对黄帝这一远古人物时，他又尽量避免使用他后来经常使用的文学笔墨，尽量以体例疏而文辞约的简史方式概括书写，从而使得这一远古人物显得真实可信。

德国文化学者扬·阿斯曼说："新的开始、复兴、复辟总是以对过去进行回溯的形式出现的。它们意欲如何开辟将来，就会如何制造、重构和发现过去。"②司马迁对黄帝的叙事与《史记》中诸多史事的叙事可对照参看，与汉文帝、汉武帝等帝王更是有着相互的观照。对于黄帝的出世，司马迁做了如此叙述："诸侯相侵伐，暴虐百姓，而神农氏弗能征。"而在其他篇章中，司马迁也有类似

---

① 〔清〕程余庆：《历代名家评注史记集说》，三秦出版社，2011，第18页。

② 〔德〕扬·阿斯曼：《文化记忆——早期高级文化中的文字、回忆和政治身份》，金寿福、黄晓晨译，北京大学出版社，2015，第27页。

表述，《秦始皇本纪》："诸侯更相诛伐，周天子弗能禁止。"①《汉兴以来诸侯王年表》："厉、幽之后，王室缺，侯伯强国兴焉，天子微，弗能正。"②对于黄帝的征战，《秦始皇本纪》亦有相类之说："遂发讨师，奋扬武德。义诛信行，威燀旁达，莫不宾服。"③对于黄帝巡狩，《秦始皇本纪》相类之说："遂上泰山……出鸡头，过回中……渡淮水，之衡山、南郡，浮江至湘山祠。"④黄帝征不享，可比附王室衰微的东周；黄帝战炎帝，可比附秦灭周；黄帝战蚩尤，可比附楚汉之争；黄帝被诸侯尊为天子，可比附汉高祖；而黄帝之文治，则可比附汉文帝。所以司马迁对黄帝形象的建构是建立在历史真实之上的合理推论。

司马迁在《五帝本纪》中给后人留下了有关黄帝的简史叙述。尽管它简之又简，但在简之又简文字的背后，又分明有着耐人寻味的历史内涵。简约而不简单，透过司马迁的笔墨，我们可以穿越远古的迷雾，隐约看到黄帝由微而显、文治武功兼具的历史影像。由《五帝本纪》中的黄帝叙事可知：从以武力统一全国到以文德治理天下，黄帝打造出一个统一的天下，建立了一套基本的治国制度，为万世奠定了一个可以继续发展的稳固基业。司马迁通过对黄帝事迹的记叙，塑造出一个"创业垂统，为万世规"⑤的圣王形象。

① 〔汉〕司马迁：《史记·秦始皇本纪》，中华书局，2011，第204页。
② 〔汉〕司马迁：《史记·汉兴以来诸侯王年表》，中华书局，2011，第751页。
③ 〔汉〕司马迁：《史记·秦始皇本纪》，中华书局，2011，第214页。
④ 〔汉〕司马迁：《史记·秦始皇本纪》，中华书局，2011，第214页。
⑤ 〔汉〕司马迁：《史记·司马相如列传》，中华书局，2011，第2653页。

　　中国历史的趋势总是从分裂走向统一，从再度分裂走向更大的统一；而战争是促进统一的有效方式。尤其是在人类社会早期，文明还未达到能够和平统一的程度，战争就成了完成统一的唯一方式。司马迁准确把握了这一历史规律，以对黄帝征伐事迹的叙写，突出了战争在促成大一统局面形成中的重要作用。所谓"兵者，圣人所以讨强暴，平乱世，夷险阻，救危殆"①，司马迁认为战争的作用就在于讨伐强暴势力，平定社会混乱，夷除艰难险阻，挽救危殆局面。黄帝通过著名的三次战争经历，以征伐得天下，正所谓"讨强暴，平乱世，夷险阻，救危殆"。黄帝为天子、为诸侯、为天下而战，以正义的战争方式平定了乱世局面，开创了一个新的和平时代，为后世创造了一个稳定的发展环境。"昔黄帝有涿鹿之战，以定火灾。……递兴递废，胜者用事，所受于天也"②，"胜者用事，所受于天"，正是司马迁对黄帝通过战争统一天下行为的肯定。司马迁通过对黄帝征战事迹的描述肯定了平乱战争的正义性。而平乱战争的目的在于以暴制暴、以战止战，而不是穷兵黩武，无限制地拓疆扩张。此外，司马迁在肯定战争讨暴救乱的作用上又强调以德守土保疆：

　　　　非兵不强，非德不昌，黄帝、汤、武以兴，桀、纣、二世以崩，可不慎欤？③

① 〔汉〕司马迁：《史记·律书》，中华书局，2011，第1164页。
② 〔汉〕司马迁：《史记·律书》，中华书局，2011，第1164页。
③ 〔汉〕司马迁：《史记·太史公自序》，中华书局，2011，第2874页。

国君强大，有德者昌；弱小，饰诈者亡。太上修德，其次修政，其次修救，其次修禳，正下无之。①

兵者，圣人所以讨强暴，平乱世，夷险阻，救危殆……昔黄帝有涿鹿之战，以定火灾；颛顼有共工之陈，以平水害；成汤有南巢之伐，以珍夏乱。递兴递废，胜者用事，所受于天也。②

司马迁认为军队是国家强大的保障，德政是国家昌盛的基础，而国君修德就是国家强盛的关键。黄帝能够取得统一，又能在统一基础上领导国家继续发展，其原因就在于：善于"修德振兵"，既加强保障防止侵犯，又巩固基础促进发展，战争手段用之有度，而不是贪恋战争，无休止地征伐。中国的历史证明，只有将武力保障与德政基础两相结合，中国的大一统就是得到维护，否则中国的大一统就会分裂瓦解。而只有武功与德治的结合还不够，"递兴递废，胜者用事，所受于天也"，还需要受命于天的正义加持，才能胜者为王。由此看来，黄帝以力平定天下，以德守土保疆，受命于天，为后世中国提供了建立并维护大一统的最初范例，开创了值得后世帝王仿效的政治行为，成为五帝以来上古帝王所共有的政治特征。后舜摄行天子政之"观天命"，楚灭秦，刘邦代项羽，无不是"取和平之福而舍暴力之祸"之天命的结果。"逆取顺守"作为司马迁对易姓换代之历史发展大势的理性认知，在《史记》开篇黄帝叙事中

---

① 〔汉〕司马迁：《史记·律书》，中华书局，2011，第1255页。
② 〔汉〕司马迁：《史记·律书》，中华书局，2011，第1255页。

便已表明。

"筚路蓝缕，以启山林"①，黄帝通过一系列的努力，为后世创造出世代享用的物质文明、政治文明和精神文明成果：中国疆域的初步成形，常备军队的初步建立，行政体制的初步设置，国家职能的初步行使，诸如此类，黄帝在中国军事、政治、经济、文化上的开创之功不可低估。黄帝打败炎帝、擒杀蚩尤、征讨四方，可谓是克乱定国的征战英雄；披山通道、驱逐荤粥、巡视四方、旁罗万物、劳勤心力，可谓是励精图治的贤明君主；种植五种、顺应四时、淳化百兽、置官监国、订定历法，可谓是法天则地的文明始祖。所有这些，都使得黄帝足可成为锻造中华民族伟大根性的历史第一人，足可成为历朝历代贤明君主效法的榜样。

"维昔黄帝，法天则地"，中华民族正赖以这样一种"仰则观象于天，俯则法类于地"的天地情怀，将一个大一统的中国一直延续至今，创造了人类文明史上绝无仅有的奇迹。中华文明之所以能够延续至今而生生不息，不能不追根溯源到黄帝创业垂统、为万世规的所作所为。而司马迁以黄帝开篇的卓异之处就在于，他通过对黄帝以力平定天下的"振兵"之举和以德守土保疆的"修德"之行完成了对黄帝叙事文本的重组，从而完成了新的黄帝形象的构建，为我们民族确立了黄帝为中国"王迹所兴"之"始"，为我们民族寻找到了由微而著而渐趋浩大的精神本源。

"黄帝二十五子，得姓者十四人。"在《黄帝纪》最后，司马

---

① 杨伯峻：《春秋左传注》，中华书局，1981，第731页。

迁列出黄帝子孙谱系，将五帝三王都归于黄帝，其所创一统之业垂统于后世，成为帝王授受正统之所出。对此，续补《史记》的褚先生曾如此论曰："天命难言，非圣人莫能见。舜、禹、契、后稷皆黄帝子孙也。黄帝策天命而治天下，德泽深后，故其子孙皆复立为天子，是天之报有德也。人不知，以为泛从布衣匹夫起耳。夫布衣匹夫安能无故而起王天下乎？其有天命然。'黄帝后世何王天下之久远邪？'曰：《传》云天下之君王为万夫之黔首请赎民之命者帝，有福万世。黄帝是也。"①司马迁称黄帝有"土德之瑞"，自是之后，五行之德迭相为用，黄帝为五行统系之所出。黄帝笼络起黄种人的最大族群，建立起"家天下"的血缘和亲缘世系统治制度，"为我国种族之所自出"②。司马迁同样把不同地域的各个民族视作黄帝后裔，以黄帝之后的夏、商、周三族为核心，在吸纳周边民族的基础上形成华夏族，各氏族间的血缘关系承传开来，使得黄帝后裔谱系建立，黄帝成为中华民族强大凝聚力的起点。各民族间的相互融合促成黄帝中华始祖地位的坚实确立，所以黄帝亦为中华拓殖民族统系之所出。唐顺之又认为："及汉司马迁修《史记》，上述黄帝，下迄麟趾，采《世本》世系而作帝纪，采《周谱》《国语》而作世家，由是人乃至姓氏之所出云。"③由此，黄帝堪称家族世系统系之所出。秦人、楚人、越人等中原地区，匈奴、南越、东越、西南

---

① 〔汉〕司马迁：《史记·三代世表》，中华书局，2011，第 505 页。
② 李景星：《史记评议》，上海古籍出版社，2008，第 78 页。
③ 〔明〕朱之蕃汇辑，〔明〕汤宾尹校正《百大家评注〈史记〉》，陕西师范大学出版社，2016，第 11 页。

夷等少数民族地区形成以黄帝为中心的黄河流域文化的认同，高祖、王莽、魏武、孙武、宋太祖、辽太祖、金太祖、元太祖、明太祖、清太祖等帝王，无不称其出自黄帝①，越王、蜀王、楚王等无不称其为华夏苗裔的血缘延展②。司马迁以博大的历史胸怀、宏大的精神气魄、广阔的民族视野、深刻的一统观念，将黄帝归于帝王正统、民族正统、世系正统之所自出，明确了黄帝人文初祖与华夷共祖的地位。司马迁在黄帝叙事中展现出的人文与理性兼具的天下观、中国观、夷夏观、大一统，促成中华民族多元一体格局的形成，促成个集血缘、地缘与精神共同体为一身的"真正共同体"的形成，促成血统、族统、道统、政统、神统、文统、地缘等多种统系的形成，从历史、民族、政治、社会、文化、心理等多个层面，展现了中华民族的图腾崇拜、上帝崇拜、祖先崇拜、自然崇拜，促进了中华民族的祖先认同、符号认同、价值认同、情感认同。黄帝创业垂统、为万世规的历史演进历程也成为人类社会由氏族部族解体走向国家建立的重要标志。

司马迁将黄帝叙事呈现为内外经营的"圣王"叙事和华夏之源的"先祖"叙事两种形态。在政治体系的延续性层面上，黄帝被诠释为华夏道统和治统的开创者；在血缘延续性层面上，黄帝则被视为华夏诸族群的血脉始祖。无论是"圣王"黄帝或是"先祖"黄

---

① 杜贵晨：《黄帝形象对中国"大一统"历史的贡献》，《文史哲》2019 年第 3 期。

② 吕新峰：《血统、族统、道统：司马迁中华民族共同体意识的一统建构》，《深圳大学学报（人文社会科学版）》2021 年第 5 期。

帝，都从属并服务于王朝时期关于统治合法性的"陈述系统"。司马迁在汉武一统的时代背景中，叙述了黄帝创造国家一统、文化一统、民族一统之中华文明起源的"英雄时代"有为之举，建构起中华民族的王者气象，强化了人们对汉帝国的国家认同、文化认同与民族认同。因有了黄帝高悬于《史记》之首，我们这个民族就有了能够追踪本源的精神归依了。

第二章

守成保业——颛顼、帝喾叙事研究

　　在《五帝本纪》中,《颛顼纪》和《帝喾纪》相对来说,较多抽象化的赞语,而少具体事迹的描述,这当与历史上颛顼、帝喾的相关记载本就较少、传说闻见模糊而不确定有关。

　　在我们看来,历史上颛顼、帝喾的相关记载较少,绝不意味着颛顼、帝喾没有像黄帝那样能够创下千古大业的卓异才干。从司马迁的赞语中,我们可以看到颛顼、帝喾也有着类似黄帝的过人天赋。以其过人天赋,他们能够做出一番辉煌的事业,但他们选择了克制与宁静,选择了守成保业。在黄帝创下辉煌后,他们务求将黄帝留下的丰厚遗产消化沉淀,在此基础上稳步推进,而不是任性妄为,好大喜功,这本身就是一种过人的政治智慧。在《颛顼纪》和《帝喾纪》,司马迁也正以史家之笔,对颛顼、帝喾承继黄帝遗业的历史功绩做出了客观反映。

第一节　《五帝本纪》中的颛顼形象

　　在司马迁的表述中,黄帝正妃嫘祖所生二子的降临地值得注意:"其一曰玄嚣,是为青阳,青阳降居江水;其二曰昌意,降居若水。昌意娶蜀山氏女,曰昌仆,生高阳。高阳有圣德焉。"①黄帝居于北方轩辕之丘，而其子玄嚣与昌意都生于水域南国，这似能说明黄帝经常向南巡行。而经常向南巡行，又似乎说明黄帝有着向北巩固、向南发展的动念。"降居"一词，既显示了从黄帝至颛顼势力范围由北至南的变迁，又显示了黄帝之子为退让而避居的政治意义。

作为黄帝的孙子，颛顼"静渊以有谋，疏通而知事"，似乎天生就带有南方泽国"静渊"而"疏通"四方的水的特质，可谓有帝王天生的出类拔萃之姿。如果说黄帝主以刚健有为、开拓进取，那么颛顼则主以宁静深沉、守成保业，但这并不意味着颛顼坐享祖业，不思进取，而是意味着颛顼能够宁静以致远，将黄帝留下的基业渐进式向前发展，表现出一种在"静渊"中"疏通"四方而渐趋壮大的浩然气象：

> 帝颛顼高阳者，黄帝之孙而昌意之子也。静渊以有谋，疏通而知事；养材以任地，载时以象天，依鬼神以制义，治气以教化，絜诚以祭祀。北至于幽陵，南至于交阯，西至于流沙，东至于蟠木。动静之物，大小之神，日月所照，莫不砥属。②

我们前已明言，黄帝所治理的疆域大体在东至大海、西至空桐、北至黄河、南至长江的范围；而颛顼所治理的疆域，则大体在东至大海、西至甘肃东部、北至河北北部、南至交阯（今两广地

---

① 〔汉〕司马迁：《史记·五帝本纪》，中华书局，2011，第9页。

② 〔汉〕司马迁：《史记·五帝本纪》，中华书局，2011，第10页。

区）一带。两相对比，可以见出，颛顼为帝后并没有固守前此疆域，而是在此前疆域基础上做了或多或少的拓展，其中拓展范围最大的是南部疆域，由原来的长江流域拓展至交趾（今两广地区）一带；拓展范围最少的则是北部疆域，由原来的黄河流域拓展至华北平原北侧。如果说黄帝大体上在黄河与长江流域间构筑了古代中国的核心地带，那么颛顼大体上在蒙古高原与南中国海、西部流沙与东部沿海间架构起古代中国的辽阔疆域。自此而后，古代中国随着朝代变迁，即以黄河与长江流域为依托，向着东西南北四个方向或是扩大或是缩小，其疆域的大框架大体保持不变。由此而上溯至颛顼，颛顼可谓是中国辽阔疆域框架的首建者。

黄帝与颛顼前后相续，分别为以后的中国构筑了内部核心地带与外部辽阔的疆域框架，其功在当世而泽被万代。而颛顼在黄帝之后将黄帝遗业推至宏大境界，也正说明了颛顼具有"踵其事而增其华"的非常能力。值得注意的是，黄帝与颛顼在前后相续缔造中国核心地带与疆域框架中，有着一劳一逸之殊。前者"披山通道，临山登海，未尝宁居"的劳苦前已说明，而后者的安逸则可在上引文字中寻绎出来。在上引文字中，你看不到一丝一毫关涉劳苦的语词，所能看到的几乎都是与安逸息息相关的表达。撇开前面的"静渊"与后面的"静"字不论，其中"有谋""疏通""知事""养材""教化""絜诚"等词，都无不与"静渊"相关：非"静渊"不能"有谋"，非"静渊"不能"疏通"，非"静渊"不能"知事"，非"静渊"不能"养材"，非"静渊"不能"教化"，非"静渊"不能"絜诚"。正是以这些"静渊"所得为先导，颛顼得以创下了"北至于幽陵，南至于交阯，西至于流沙，东至于蟠木"的丰功伟绩。

黄帝与颛顼同为圣明君主，都创下了足可光造千古的伟业，为何却有着一劳一逸之殊？在我们看来，这是因为，黄帝为创业君主，面对着内乱局面，面对着自己处于诸侯的下位，面对着天下蒙昧、疆域未定的无序状态，势必要当殚思极虑、劳形苦神方能应对；而颛顼为守成君主，面对着已安已治的局面，面对着黄帝留下的丰厚政治遗产，面对着天下和洽、疆域稳定的有序状态，只要遵道守业，顺流而作，就可以将黄帝打下的基业推向灿烂辉煌。综观颛顼"养材以任地，载时以象天，依鬼神以制义，治气以教化，絜诚以祭祀"之所为，与黄帝"治五气，艺五种，抚万民，度四方"，"而鬼神山川封禅与多焉"，"顺天地之纪，幽明之占，死生之说，存亡之难。时播百谷草木，淳化鸟兽虫蛾"的行为，都有着一脉相承的前后联系。对于颛顼来说，天下大体上已安已治，自己只要沿着黄帝开辟的治国大道稳步向前，就会道路愈走愈宽。司马迁称颛顼"静渊以有谋，疏通而知事"，正透露出颛顼"既遵道而得路"的政治成熟。以这样一种政治成熟，颛顼能够深智足谋而不事张扬自我，能够运筹帷幄而不必劳其筋骨，持续不断地将黄帝的遗业发扬光大。由此，颛顼也就与黄帝有着逸劳之殊。

显然，黄帝劳与颛顼逸，有着前因后果的联系。没有黄帝的劳，就没有颛顼的逸。但需要强调的是，颛顼并非一味地坐而获逸，并非一味地承继黄帝而没有变革劳作。黄帝理顺天地四时、阴阳五行之规律，并通过封禅之礼以示对自然的尊重；而颛顼在承继黄帝业绩的基础上，根据天地四时的顺序记载时令，借助阴阳五行的法则教化百姓，在自然与人事的沟通上做出了自己的努力，使自然与文化、政与教统一而不分离。正如《史记·历书》所言："少皞氏之衰也，九黎乱德，民神杂扰，不可放物，祸灾荐至，莫尽其气。颛顼受之，乃命南正重司天以属神，命火正黎司地以属民，使复旧常，无相侵渎。"①颛顼分命重、黎二人管理观天事务即"载时以象天"和地面事务如"养材以任地"，使得民事与神事恢复旧常的秩序，让国家经济、社会生活走上正轨，确保国家不走向衰败。《史记·律书》又言："颛顼有共工之陈，以平水害。"②如此说来，颛顼还是中国历史上记载的第一个治理洪水的人。诸如此类，都能够见出颛顼也有劳苦的一面。不过，与黄帝的劳苦相比，颛顼的劳苦显得不够突出明显。这是因为，黄帝处于全面草创时期，凡事都需要亲力亲为，往来奔走；而颛顼则处于全面发展时期，一切已初具规模，只要乘势而作，知人善任，不必事必躬亲，就能成效显著。颛顼时期的疆域较黄帝时期有较大范围的拓展，正显示出颛顼"静渊"而"疏通"四方的不凡能力。

至此，我们可以说，总结颛顼在中国历史上的主要功绩，主要在于既能守成保业，又能发扬光大，以黄帝创下的基业为起点，不断地朝着全面化、细致化的方向发展，将中国的历史带入到一个鼎盛时期。在这样一个走向鼎盛的发展时期，颛顼更多地表现出"静渊"而"疏通"四方的超常智慧。他将北部疆域推进到蒙古高原北麓而不再北上，因为前面不远处就是不适合于古代人类居住的寒冷

---

① 〔汉〕司马迁：《史记·历书》，中华书局，2011，第1179页。

② 〔汉〕司马迁：《史记·律书》，中华书局，2011，第1164页。

地带；他将西部疆域推进到西部戈壁沙漠的东侧而不再西进，因为前面不远处就是不适合于古代人类居住的流沙地带。这不能不说是他"疏通而知事"深沉智慧的具体表现。他一方面在北部疆域、西部疆域做适度拓展，往而知返；一方面在东部疆域、南部疆域做拓展，将东部疆域全面推向大海，使东部海岸线变得更为漫长，将南部疆域越过洞庭湖、越过梅岭而达至南部沿海，使黄帝子孙开始拥有与北国大地相提并论的南国大地，极大地拓展了黄帝子孙的生存空间。有了蜿蜒漫长的东部与南部沿海，有了江湖密布的南方泽国，黄帝子孙就在刚健顽强的性格之外增添了一种从容浩荡、任意东西的精神洒脱。这种精神洒脱的由来，与南方泽国的江湖密布不无关联；而南方泽国成为黄帝子孙又一生息繁衍之地，又当与颛顼对于南方泽国前所未有的大拓展不无关联。

如果说北中国大地坚实凝重，具有一种深厚的"土德"；那么南中国大地则荡漾灵动，具有一种飘逸的"水德"。如果说黄帝与黄土、黄河一样坚实凝重而具有深厚的"土德"，那么颛顼则与红壤、长江一样荡漾灵动而具有飘逸的"水德"。黄帝的"土德"已昭然于世，而颛顼的"水德"还有待人们进一步阐明。

第二节　《五帝本纪》中的帝喾形象

帝喾高辛能够承继颛顼之位，既在于其天资聪颖，有治理天下的能力，也在于帝喾善于修身，自觉提高道德品质，有让天下人臣服的圣德。有才有德是成为一个圣明君主的共性，这是司马迁在叙述五位帝王时首先要阐明清楚的。但是司马迁的高明之处就在于，即使是对于性格特点极其相似，功业成就极其一致，所据资料又极其有限的两个远古人物，他也能够通过词语上的变换和叙事上不同程度的侧重，将两个人物形象塑造的生动鲜明而有区别度。

《五帝本纪》中这样描述帝喾：

> 高辛生而神灵，自言其名。普施利物，不于其身。聪以知远，明以察微。顺天之义，知民之急。仁而威，惠而信，修身而天下服。取地之财而节用之，抚教万民而利诲之，历日月而迎送之，明鬼神而敬事之。其色郁郁，其德嶷嶷。其动也时，其服也士。帝喾溉执中而遍天下，日月所照，风雨所至，莫不从服。①

将颛顼和帝喾对比来看：在个人能力上，颛顼"静渊以有谋，疏通而知事"，即深沉而有谋略，通达而识时务；帝喾则是"聪以知远，明已察微，顺天之义，知民之急"，聪明而能善听善察，所以能知远而见微。同样是天资聪颖，颛顼的智慧主要体现在能够看得远，这个"远"既是指地理空间上的遥远，也是指历史时间上的久远。颛顼知道这个民族要想永续发展，就需要有足够的生存发展空间，而黄帝开创的适宜生存的地理空间还有能够继续开拓的可能

---

① 〔汉〕司马迁：《史记·五帝本纪》，中华书局，2011，第11页。

性。帝喾的聪明则体现在能够看得深，这个"深"既指宇宙之深奥，也指人心之深沉。帝喾更注重探索自然法则、宇宙奥秘和体察民情、知民之急。他们的聪明运用到治理国家上，则体现为：颛顼在黄帝开创的基业上向着扩展疆域的方向继续努力，将中国的地理疆域推向遥远的西部大漠南部海疆，而帝喾则在黄帝开创的基业上向着教化人民的方向继续发展，继续"抚教万民而利诲之，历日月而迎送之，明鬼神而敬事之"①。

《五帝本纪》中反复提到节用财物、教诲万民、推算历法、敬事鬼神等内容，可见在古人的认知中，向自然索取财物、顺应自然规律、尊重自然法则是人类得以繁衍生息的重要基础。这些与自然的相处原则也是可以从神话传说中抽离出的可信内容。上古圣王从征服自然到与自然和谐相处所付出的努力，代表着人类智慧的发展，是走向文明的表现。在《五帝本纪》中，帝喾展现出的最大仁德是"知民之急"，这是黄帝和颛顼还没有达到的高度。黄帝教化百姓的主要目的还在于便于管理人民，并借助百姓的力量巩固自己的统治地位，而帝喾真正做到了"以民为本"，以"德治"为治国核心：知民情，解民忧，施恩惠，讲诚信。从"用民"到"重民"，帝喾认识到了自身与百姓同舟共济的关系，故而能做到以仁德、重民为治国之本，其具体表现就在于"执中而遍天下"。只有精纯专一，诚恳地秉执其中正之道，才能治理好国家。诚信而公正地对待每一个人可谓是中华民族文明精神的重要内容。

---

① 〔汉〕司马迁：《史记·五帝本纪》，中华书局，2011，第13页。

司马贞在《史记正义》中说道："帝喾治民，若水之溉灌，平等而执中正，遍于天下也。"①如此说来，帝喾体现了另一种"水德"，即泽被万物而不争名利。《老子》有言："上善若水，水善利万物而不争。"②司马迁说帝喾"普施利物，不于其身"，正是说帝喾有像水一样的品性，水滋养万物，而帝喾泽惠万民。而帝喾的"仁而威，惠而信"，既是"允执厥中"的体现，也像刚柔相济的水，既能海纳百川，也能滴水穿石，更能洗涤污淖。帝喾达到了最高境界善行，即"上善若水"。

自帝喾开风气之先，到尧舜传承发扬使百姓亲和，再到乾隆御笔亲题故宫中和殿，"允执厥中"成为历代贤明帝王所努力追求的治国理念和想要达到的精神境界。帝喾修身而天下人信服，治国执中而天下万物从服，影响力遍及"日月所照，风雨所至"之处。这些夸张的赞颂之语正说明颛顼和帝喾在中华民族文明进程上的卓越贡献是不能忽视的。在没有具体可考的历史记载的情况下，以"传神写照"的夸赞之语对其功业进行概括性描述，以填补历史的空缺，这符合历史叙事中合理的想象，也符合《五帝本纪》整篇传记所表现出来的与汉家精神相一致的宏大叙事风格。

① 〔汉〕司马迁：《史记·五帝本纪》，中华书局，2011，第13页。
② 许嘉璐主编《老子校诂》，李春晓、翁美凤点校，浙江古籍出版社，2020，第60页。

第三节　颛顼、帝喾叙事的意义评估

颛顼和帝喾对黄帝所创立的统一事业的巩固和发展，一方面维护了黄帝努力争取的统一成果，另一方面为后代尧、舜时期的全面发展奠定了更坚实的基础，起到了承前启后的作用，体现出政权的顺利交替与稳定过渡对社会发展的积极影响。颛顼、帝喾顺利承接黄帝的"德治"理念，促进了社会的生产发展和文明进步，为缔造华夏民族和发展中华文明做出了贡献，受到后世的推崇与景仰。

颛顼和帝喾在黄帝开创的武功和文治两条道路上走得更远更深。细读文本，就会发现这条线索从司马迁的简短叙述中是可以发现踪迹的。司马迁描述黄帝开拓领土是"东至于海……西至于空桐……南至于江……北逐荤粥"，而描述颛顼扩展疆域是"北至于幽陵，南至于交阯，西至于流沙，东至于蟠木"①，相同的句式体现意义上的一脉相承，所到地点的变换体现疆域上的扩大变迁，不同方向的叙述则又尽可能表现帝王功业的差异。而且在后来描述舜巡狩四方时又说"东巡狩，至于岱宗……五月，南巡狩；八月，西巡狩；十一月，北巡狩：皆如初"②，可以看出，从黄帝开始，中国的远古帝王就重视对国家边界疆域的控制，而开拓疆域、巩固边防的思想至今仍有重要意义。在文治上，在节用财物、教诲万民、推

①　〔汉〕司马迁：《史记·五帝本纪》，中华书局，2011，第 11 页。
②　〔汉〕司马迁：《史记·五帝本纪》，中华书局，2011，第 22 页。

算历法、敬事鬼神等方面，帝喾、颛顼的作为与黄帝基本保持一致。黄帝"迎日推策""顺天地之纪"，颛顼"载时以象天"，帝喾"历日月而迎送之"；黄帝"举风后、力牧、常先、大鸿以治民"，颛顼"治气以教化"，帝喾"抚教万民而利诲之"；黄帝"节用水火材物"，颛顼"养材以任地"，帝喾"取地之财而节用之"；黄帝封禅鬼神山川，颛顼"依鬼神以制义"，帝喾"明鬼神而敬事之"；黄帝治理天下而有"土德之瑞"，颛顼则"动静之物，大小之神，日月所照，莫不砥属"，帝喾则"日月所照，风雨所至，莫不从服"，体现出一种渐次发展、渐趋浩大的渐进式进程。

《管子·牧民》篇提出过对一个理想国君的期望与要求：

> 凡有地牧民者，务在四时，守在仓廪。国多财，则远者来；地辟举，则民留处；仓廪实，则知礼节；衣食足，则知荣辱；上服度，则六亲固；四维张，则君令行。故省刑之要，在禁文巧；守国之度，在饰四维；顺民之经，在明鬼神、只山川、敬宗庙、恭祖旧。不务天时，则财不生；不务地利，则仓廪不盈。野芜旷，则民乃菅；上无量，则民乃妄。文巧不禁，则民乃淫；不璋两原，则刑乃繁。不明鬼神，则陋民不悟；不只山川，则威令不闻；不敬宗庙，则民乃上校；不恭祖旧，则孝悌不备。四维不张，国乃灭亡。①

---

① 〔唐〕房玄龄注、〔明〕刘绩补注《管子》，上海古籍出版社，2015，第1页。

一个国家的君主，应该务天时地利以积聚财物，务祭祀教化以积累民心。这正是对颛顼和帝喾在生产发展和文明进步的历史进程中所做出的贡献的最好阐释。在颛顼和帝喾的努力下，远古人类从与自然斗争中努力维持生命逐渐向追求生活幸福发展，到尧之时已出现"黄收纯衣，彤车乘白马"的富足生活，生命的意义也随之扩大。"仓廪实，则知礼节"，只有满足基本的生存需求以后，教化才能有效施行。他们之所以能达到"日月所照，风雨所至，莫不从服"的影响力的前提就在于"养材以任地"，积累足够的生活资料；继而"抚教万民而利诲之"，教化始行；继而明鬼神、敬宗庙、祭祖先，国家由此而能长久存在不至灭亡。"维昔黄帝，法天则地，四圣遵序，各成法度。"①颛顼、帝喾、尧、舜四位圣王为黄帝肇创的民族伟业添砖加瓦，各自贡献力量，做出了新的成就。在发展生产方面，黄帝"时播百谷草木"，颛顼"养材以任地"，帝喾"取地之财而节用之"，到尧时而有"黄收纯衣，彤车乘白马"的富足生活。在教化百姓方面，黄帝"举风后、力牧、常先、大鸿以治民"，颛顼"治气以教化"，帝喾"抚教万民而利诲之"，到虞舜时"举八恺，使主后土，以揆百事……举八元，使布五教于四方"②，达到了"父义，母慈，兄友，弟恭，子孝，内平外成"③的和谐社会。

从黄帝时初具"王权"特征，到颛顼、帝喾显现"王权"特征

---

① 〔汉〕司马迁：《史记·太史公自序》，中华书局，2011，第2859页。
② 〔汉〕司马迁：《史记·五帝本纪》，中华书局，2011，第33页。
③ 〔汉〕司马迁：《史记·五帝本纪》，中华书局，2011，第33页。

而暂缺有序的国家管理机构，到尧、舜时最终形成"最以中原为核心兼具四方文化特色，具有王权与王室文化特征，且社会管理体系初步完备的王国文明"①，颛顼和帝喾在历史发展和"中国"形成的过程中，以智慧而仁义的圣王形象留存于人们的记忆里，成为守成保业的帝王榜样。

---

① 彭丰文：《先秦两汉时期民族观念与国家认同研究》，中国社会科学出版社，2016，第190页。

第三章

制度大备——尧、舜叙事研究

　　自孔子删《书》断自尧舜，和"孟子道性善，言必称尧舜"①，早期儒家"祖述尧舜，宪章文武"，对尧、舜二帝推崇至极，尧舜作为贤明君主以及远古圣人的形象深入人心，尧舜开创的政治局面成为儒家的最高政治理想。尧舜尚勤尚俭的形象也被墨家所继承和宣扬，"墨者亦尚尧舜道，言其德行曰：'堂高三尺，土阶三等，茅茨不翦，采椽不刮。食土簋，啜土刑，粝粱之食，藜藿之羹。夏日葛衣，冬日鹿裘。'"②在《五帝本纪》之前，尧舜一直被当作是历史的开端，以其品德和功业成为周人及至春秋战国时期的帝王典范。而在《五帝本纪》中，司马迁选用《尚书》二典和其可见先秦典籍中关于尧、舜的具体而翔实的历史记载，加以删改润色，把尧、舜二帝的明德与功业纳入五帝缔造华夏民族、肇创中华文明的整体事业中，建立在黄帝、颛顼与帝喾所建立的牢固基础上，目的就在于使尧舜之盛有所凭依，符合社会发展的历史规律和实际情形。

　　可以说五帝缔造中华文明的伟大进程至尧舜之时臻于鼎盛。尧舜之时生产力已经得到提高，在物质文明发展和经济基础稳定的前提下，与其相适应的经济、政治、民族融合等方面取得更大的进

---

① 〔战国〕孟子：《孟子译注》，杨伯峻译注，中华书局，1960，第 102 页。
② 〔汉〕司马迁：《史记·太史公自序》，中华书局，2011，第 2850 页。

步，成就了一个社会和谐、政治清明的光明盛世。以唐尧的敬授民时、尧舜禹之间的大义禅让和虞舜的孝感天下为代表的帝王仁德也成为中华民族精神文明的重要内容。

第一节　《五帝本纪》中的帝尧形象

《礼记·礼运》有言曰："大道之行也，天下为公。"①天下为公的社会局面由尧所创立，成为华夏治道的根本原则，"禅让制"也成为后世渴望的理想宪治。在《五帝本纪》中，司马迁记载了尧帝的两项重要事迹：制定历法，敬授民时和选贤举能，求贤而禅。敬授民时是帝王主动承担农耕文明中促进农业生产发展的责任，求贤而禅则是把天下当作天下人的"天下"，为全中国慎重地选择接班人。这两项举措正是帝尧天下为公之宏伟初心的有力实践。通过司马迁的叙述，帝尧天下为公的大公无私形象显得更加丰满而深刻。

在《尧纪》中，司马迁首先总序帝尧的仁德：

> 帝尧者，放勋。其仁如天，其知如神。就之如日，望之如云。富而不骄，贵而不舒。黄收纯衣，彤车乘白马。能明驯

---

① 〔汉〕郑玄注，〔唐〕孔颖达疏《礼记正义》，北京大学出版社，1999，第658页。

德，以亲九族。九族既睦，便章百姓。百姓昭明，合和
万国。①

司马迁以"富而不骄，贵而不舒。黄收纯衣，彤车乘白马"一句，上接《五帝德》"其仁如天，其知如神。就之如日，望之如云"，下接《尚书·尧典》"能明驯德，以亲九族。九族既睦，便章百姓"。不漏痕迹地将其完美地融为一体。何良俊有言："太史公作《五帝本纪》，其尧舜纪全用二典成篇。中间略加点窜，便成太史公之文……乃知此者胸中自有一副炉韝，其点化之妙，不可言也。"②"黄收纯衣"，自是不同于"粗葛衣裳"，既是纺织和缝纫技术进步的体现，又揭示了尧之时通过衣服可以区别尊贵的现象，阶级分化已经出现。但是可贵的是，尧能做到富有而不骄傲，尊贵却不放纵，故而使人产生"就之如日，望之如云"的温暖感受。"彤车"与"白马"也不仅显示生产力与技术工艺的进步，更是作为一种交通工具体现帝王活动范围的扩大。尧修身而以德服人，故能齐家使九族相亲，继而考察百官的政绩而治国，终能协和万国而平天下，形成一个气象万千的政府。在《五帝本纪》中，作为儒家人生理想的"修齐治平"之说的从黄帝开始萌芽，经过颛顼、帝喾的发酵，在尧时基本形成，最终虞舜成为修身、齐家、治国、平天下完美过渡的明德典范。不论这是司马迁在行文中的无意流露还是刻意安排，其中定寄托着司马迁的政治理想，即能够治国平天下的理想帝王必

---

① 〔汉〕司马迁：《史记·五帝本纪》，中华书局，2011，第14页。
② 〔明〕何良俊：《四友斋丛说》卷五，中华书局，1959，第44页。

须要有高尚德行，必须能够修身养德，以德治国。而"以德治国"的治国思想也一直贯穿《五帝本纪》始终。

接下来，司马迁通过对具体事例的展开叙述以证明尧的圣德。

一、敬授民时——农耕文明中朝廷的责任

古人对历法在农耕文明中的重要性多有强调：王充耘认为"为治之法，莫先于治历明时"[①]；马一龙认为"农为治本，知时为上"[②]；阮元论曰"敬天授时，帝王之首务，故圣人重其事"[③]。在《五帝本纪》中，修订历法一直作为五帝的重要功绩被记载下来。从黄帝"顺天地之纪"，到颛顼"载时以象天"，到帝喾"历日月而迎送之"，先王们都在努力推算历法以确保农业生产的顺利进行，直到帝尧时，"敬授民时"这一农耕文明中朝廷应该主动承担的责任被明确确立下来，历法至尧始备。敬授民时，是国家以虔诚的心态颁布历法，确定农作时间，引导百姓按季节规律进行农业生产活动，这其中既包含着一定的宗教心态，但本质上又是一种古代天文科学的实践活动。直到如今，天文历法在农业上还是有重要作用。

尧时历法上的巨大进步体现在理清了春、夏、秋、冬四季的递嬗，二分二至日的昼夜长短和日月星辰的更替规律，以及相应变化

---

① 〔元〕王充耘：《书义主意》，商务印书馆，1937，第 3 页。
② 马宗申校注《授时通考校注》，农业出版社，1991，第 29 页。
③ 〔清〕阮元：《畴人传》，商务印书馆，1935，第 1 页。

的农事民物，确定了一年有三百六十六日，并用闰月协调四季，甲子纪日的方法在尧时产生，此即陈经所论："协时月正日而下，皆所以正诸侯之法度。时月正日者，正朔之所自出：律度量衡者，制度之所自始。五礼者，名分上下之所由以正。《中庸》曰：非天子，不议礼，不制度，不考文。《公羊春秋》，王正月为大一统。天无二日，民无二王，家无二主。尊无二上，道无二致，政无二门。言致治者，欲令政事皆出于一，而变礼易乐，革制度，国异政，家殊俗者，流放窜殛贬削之也。刑随其后，此国政之归于一也。故舜之巡行，时月必协之，日必正也。盖积日而成月，积月而成时，日于时月为详，故特言正。"①尧令羲仲、羲叔、和仲、和叔分别居于国土的东、南、西、北四方之极，在四方之土进行实地勘测，并且依次安排春种、夏长、秋收、冬藏的事务。在尧的真诚训诫下，百官勤政，众功皆兴，呈现出生机勃勃，欣欣向荣的景象。

历法的重要性不仅体现在引导农业生产，更具有改善民生实行统治的政治意义，即"天下有道，则不失纪序；无道，则正朔不行于诸侯。……先王之正时也，履端于始，举正于中，归邪于终。履端于始，序则不愆；举正于中，民则不惑；归邪于终，事则不悖"②。在《历书》中，司马迁详细论述了从黄帝到尧、舜时，五位帝王在考定星历推测历法，设置官属敬授民时方面做出的努力以及取得的成就，并得出"由是观之，王者所重也"的结论。在五帝的努力下，"民以物享，灾祸不生，所求不匮……阴阳调，风雨

① 〔宋〕陈经：《尚书详解》，中华书局，1985，第66页。
② 〔宋〕陈经：《尚书详解》，中华书局，1985，第66页。

节，茂气至，民无夭疫"①的结果，显示出历法对于推动生产发展的重要作用。正如柳诒徵先生所言："古人立国，以测天为急，后世立国，以治人为重。盖后人袭前人之法，劝农教稼，已有定时，躔度微差，无关大体，故觉天道远而人道迩。不汲汲于推步算验之术，不知邃古以来，万事草创，生民衣食之始，无在不与天文气候相关，苟无法以贯通天人，则在在皆形枘凿。故古之圣哲，殚精竭力，绵祀历年，察悬象之运行，示人民以法守。自羲农经颛顼，迄尧舜，始获成功。其艰苦愤排，史虽不传，而以其时代推之，足知其常耗无穷之心力。吾侪生千百世后，日食其赐而不知，殊无以谢先民也。"②在人类发展的初期阶段，人类努力与自然抗争追求生存，在人与自然的关系渐趋和谐之后，人类开始寻求与社会的和谐发展。尧制定历法之后求贤而禅的举措，就是从"以测天为急"到"以治人为重"的转变。

司马迁以《尚书·尧典》为蓝本，用更通俗简明的词语和简约严密的语句将佶屈聱牙的《尚书》之文转写成一段简洁质奥、庄重整练的奇绝之文，使句意表达更精密准确，明白晓畅，条理贯通。虽是改写之文，亦足见司马迁对文字的高超驾驭能力。

二、求贤而禅——经理社稷时的大公无私

在中国历史上，"禅让制"这种天子最高权力的授受制度被认

---

① 〔汉〕司马迁：《史记·历书》，中华书局，2011，第1178页。
② 柳诒徵：《中国文化史》，上海古籍出版社，2001，第49页。

为始于帝尧。司马迁在《五帝本纪赞》中指出"学者多称五帝，尚矣。然《尚书》独载尧以来"①，可知司马迁本就把《尚书》当作信史来看，经过实地考证之后发现当地传说与"古文"也就是《尚书》的记载相近，故而确信《尚书》对尧舜事迹的记载的真实性。所以在司马迁《五帝本纪》中对于尧、舜禅让之事的记述基本遵循《尧典》《舜典》的叙事轨迹，并在此基础上网罗当时可见材料，力求对尧舜事进行准确而详尽的记载。

《尧典》中叙完尧制历授民之事后以对话形式接入尧选贤任能之举，司马迁在《五帝本纪》中谨遵其形式，也以对话展开叙述。这是《五帝本纪》中第一次出现对话，以散笔记言与上文以整笔叙事形成截然不同的语言风貌，客观上使《五帝本纪》的叙述呈现出整练而有变化，严简而不单调的风格，而且对话叙事中依然包含严谨的逻辑。

尧禅位于舜经过了一个漫长而严谨的过程，这其中不仅体现了尧的仁德，更显示了尧的智慧。首先，尧在还未年老之时就向诸臣提出推举继承人的问题，可见尧早知禅位之事至关重要，不可轻易授之于人。这其中或包含着尧的多种考量：王位继承人必须品德高尚。而想要找寻一个理想的继承人并非易事，此人必须经得起重重考验方能承担得起如此重任——此人还须得到天下人的认同。尧对这些内容的考虑并不是凭空猜测，是可以从《尧纪》的记述中合理推断出的。尧的圣德在于他既没有把王位传给子嗣后代，也没有让

---

① 〔汉〕司马迁：《史记·五帝本纪》，中华书局，2011，第42页。

给自己所认为有才能德行的人，而是接受别人的推荐，真正履行好选贤举能；而尧的智慧体现在广泛听取众人的意见并能做出理性而准确的判断，做到知人善任。对于放齐、驩兜推荐的丹朱和共工，尧深知他们虽有长处但缺点明显：儿子丹朱通达聪明但愚顽凶恶，共工虽可聚集民众但是心术不正用心不纯，两人都品德低劣不能委以重任。并且试用共工做工师，证明其果然放纵邪僻。放齐、驩兜的建议被明确否定之后，尧又以治洪水为由，希望四岳能推举有才能的人。四岳举荐鲧，尧认为鲧毁败同族，德行不善，本欲不用，最终在四岳的强烈请求下决定试用。但是历时九年鲧治水无功，且给百姓生活带来巨大不便，尧之知人善用由此可见。尧"以为不可"而四岳"强请试之"，也体现出大臣对帝王权力一定程度上的限制，尽管尧有知人善用的决断能力，仍然会尊重臣下的强烈建议。通过试用考察举贤之人是否合适是从共工开始的，共工和鲧都成为失败的案例。历经多年，求贤之事未有结果，直到尧命诸臣不论亲疏远近不拘一格选人才，舜才"千呼万唤始出来"。四岳对舜的评价"父顽，母嚚，弟傲，能和以孝，烝烝治，不至奸"①打动了尧，但是帝尧对于舜并不了解，加之四岳之前推举的鲧并不合适，所以帝尧依然选择继续采取"试可行而后用"的办法来确保成功，由此可看出尧对于确认接班人是否真正贤明的态度异常谨慎。

接下来，尧通过一系列的举措对舜的德行和才能进行考察：

---

① 〔汉〕司马迁：《史记·五帝本纪》，中华书局，2011，第20页。

> 于是尧妻之二女，观其德于二女。舜饬下二女于妫汭，如妇礼。尧善之，乃使舜慎和五典，五典能从。乃遍入百官，百官时序。宾于四门，四门穆穆，诸侯远方宾客皆敬。尧使舜入山林川泽，暴风雷雨，舜行不迷。①

尧把两个女儿嫁给舜，一方面是要检验舜是否有厚美孝德，对待家人能否如四岳所说"烝烝治，不至奸"，能与家人和睦相处；另一方面也是检验舜能否有能力治家，一家可治方能治万家。尧认为舜能够让二女放下尊贵的身份去主动遵守妇礼足见其治家才能，接着依次让舜和五典，入百官，宾四门，让他接受更多挑战的同时逐渐进入到朝廷核心地位。舜能很好地处理这些事务，不仅是自身才能的有力展现，更是完成了从平民到统治阶层的个人历练，这或许可以说是尧的用心所在。二女"如妇礼"，体现夫妇之德；"五典能从"，体现父母兄弟子五伦之德；"百官时序"，体现君臣之德，而这都是出于舜之德行的浑厚伟大。然后，尧还让舜在暴风雷雨天气进入山林川泽，以检验他的聪明才智，在恶劣环境中的生存能力以及遇事能否镇定自若，意志坚定。从这段描述，我们可以看出尧以事亲观舜之德，以治官观舜之才，以事神观舜之天命，对舜进行了多方面、全方位的考察，真正做到了"尽人事，听天命"。如果说"天下明德自虞帝始"，那么就可以说"天下善用明德之人从尧帝始"，尧发现了虞舜的才能并能予以重任，是对知人善任的最佳阐

---

① 〔汉〕司马迁：《史记·五帝本纪》，中华书局，2011，第20页。

释。鲧治水九年而功用不成，舜处事三年而万事皆善，舜的治理能力在鲧的陪衬下更显卓越出众，所以尧"以为圣"。

从尧决定"吾其试哉"到"尧以为圣"，通过"验之以实，效之以事"，尧已经基本认可了舜，尧对舜的考察似乎暂时告一段落。但是尧并未直接禅让帝位于舜，而是"命舜摄行天子之政，以观天命"①。"摄政"即代国君处理国家政务，而不是直接"行政"。而这与尧让舜登帝位，舜"让于德不怿"有关。"德不怿"即德行不能为人所悦，尧对舜的认可并不能代表天下人对舜的认可，所以尧荐舜于天，以观天命。古语有云"尽人事，听天命"，"谋事在人，成事在天"，尧对舜的层层考验已经做到"尽人事"，被挑选出的德才兼备的舜能否最终成功在于天意，其实更在于舜自身。尧死之后，舜想让位于尧的儿子丹朱，但"诸侯朝觐者不之丹朱而之舜，狱讼者不之丹朱而之舜，讴歌者不讴歌丹朱而讴歌舜"②，此谓天意也，然后舜才践天子位而称帝。

国之重器，不可轻授于人。尧禅位从"权授"到"卒授"的过程漫长而艰难。从尧提出举贤以顺天子之事，到"尧立七十年得舜"，到"舜得举用事二十年"，再到舜"摄演进过程中政八年而尧崩"，为国家选择继承人这一大事历经近四十年才算完成。司马迁在《伯夷列传》中提道："尧将逊位，让于虞舜，舜禹之间，岳牧咸荐，乃试之于位，典职数十年，功用既兴，然后授政。示天下重

---

① 〔汉〕司马迁：《史记·五帝本纪》，中华书局，2011，第22页。
② 〔汉〕司马迁：《史记·五帝本纪》，中华书局，2011，第28页。

器，王者大统，传天下若斯之难也。"①唯有传位之人心怀至公无私之大德，真正把"王者大统"当作"天下重器"，以为天下人谋幸福为己任，才能有此成就。在《尧纪》末，司马迁做出如此评价："授舜，则天下得其利而丹朱病；授丹朱，则天下病而丹朱得其利。尧曰'终不以天下之病而利一人'。"②这是对尧弃子举舜心理的揣测，也是对尧之圣德的诠释。所以，尧舜禅位的伟大意义不是体现在尧可以以无私之心把至高无上的权力让于没有血缘关系的平民百姓，而在于他能够尽心尽力地替天下人选择德才兼备的贤明君主以造福天下，"选贤举能"才是禅让的精神实质。尧之禅让之举，深刻展现了帝尧选贤举能、能明驯德、九族既睦、百姓昭明、和合万国的明断之资。

第二节　《五帝本纪》中的帝舜形象

"格致诚正，修齐治平"③作为实现儒家道统的具体步骤和程序系统，对做人、处事、治国皆有重要影响。而这一被古今之人竭力追求的人生境界与舜的人生轨迹完美对应，可以说舜是达到这一人生境界的最佳代表。尧以修身、齐家、治国、平天下的原则察选

①　〔汉〕司马迁：《史记·伯夷列传》，中华书局，2011，第 1883 页。
②　〔汉〕司马迁：《史记·五帝本纪》，中华书局，2011，第 28 页。
③　〔汉〕郑玄注，〔唐〕孔颖达疏《礼记正义》，北京大学出版社，1999，第 1592 页。

出舜，而舜在以孝闻名，被尧举用，摄行天子事，到践登帝位的人生演进过程中展现出了至圣之德，可以说是修齐治平的明德典范。虞舜的明德在制度文明和精神文明的多方面皆有体现。

舜的人生轨迹经历以下几个阶段：

一、以孝闻名

虞舜是以"以孝闻"出场的，也是因"至孝"之德才能以平民的身份从众人中脱颖而出，获得四岳的赏识，继而获得尧的考察资格。在《五帝本纪》中，司马迁于《尧纪》中以"盲者子。父顽，母嚚，弟傲，能和以孝，烝烝治，不至奸"为引，提出舜的孝德，然后在《舜纪》中详细记述了舜之厚美孝德之所在，并且不厌其烦反复申说，赞赏褒扬意味浓厚。

"父顽，母嚚，弟傲，常欲杀舜"是舜所处的家庭环境，父亲、后母与弟弟都是性情卑劣之人，没有亲生母亲的关爱，连亲生父亲也因更爱其后母而想要杀舜。这种家庭环境中舜能做到洁身自好，品德不受影响，而且没有因此憎恨父亲与后母、弟弟，而是恭顺地侍奉家人，努力协调自己与家庭的关系，做到了"常欲杀舜，舜避逃；及有小过，则受罪"和"欲杀，不可得；即求，尝在侧"的地步，真可谓至孝至圣之人。而瞽叟则可谓至坏之父，"舜耕历山，历山之人皆让畔；渔雷泽，雷泽上人皆让居；陶河滨，河滨器皆不苦窳。"①舜可以让邻里乡亲谦让，可见是人心所向，唯独舜的父母和弟弟想要置其于死地，而舜尤能谨遵子道恭谨侍奉，这种大度与机智并非一般人所能做到。在《五帝本纪》中，司马迁不惜重复笔墨两次提到这一点，可见司马迁认可的孝道观并非"愚孝"而是"智孝"。在司马迁笔下，舜不仅可以恭谨地遵从为子之道和为兄之道，妥善处理家庭关系，而且能够巧妙地化解矛盾，机智应对家人的刁难。

在舜被举荐给帝尧前，司马迁用三处概括性的描述反复赞扬舜的孝德，然后在尧妻之二女，使之九男，舜皆能处理得宜而获封赏之后，举例证实了舜的孝德所在：

> 瞽叟尚复欲杀之，使舜上涂廪，瞽叟从下纵火焚廪。舜乃以两笠自扞而下，去，得不死。后瞽叟又使舜穿井，舜穿井为匿空旁出。舜既入深，瞽叟与象共下土实井，舜从匿空出，去。瞽叟、象喜，以舜为已死。象曰："本谋者象。"象与其父母分，于是曰："舜妻尧二女，与琴，象取之。牛羊仓廪予父母。"象乃止舜宫居，鼓其琴。舜往见之。象鄂不怿，曰："我思舜正郁陶！"舜曰："然，尔其庶矣！"舜复事瞽叟爱弟弥谨。②

---

① 〔汉〕司马迁：《史记·五帝本纪》，中华书局，2011，第31页。
② 〔汉〕司马迁：《史记·五帝本纪》，中华书局，2011，第31页。

这段文字根据《孟子·万章》篇的几句话加以扩充而成①，是"欲杀，不可得"的最佳例证。短短一段话，通过三层内容将舜的机敏聪慧与厚德仁爱生动展现，似乎带有神异性，但其实不乏生活的合理性。瞽叟纵火、瞽叟与象填井、同分舜之室家三事紧密连接，情况一次比一次危机，叙述也一次比一次具体，而瞽叟与象预谋杀害舜就是为了夺取舜的财产，所以在此段文字叙述之前，司马迁先提到了尧因舜治家出色而赠予衣、琴、牛羊仓廪，然后才下接此三事，让象分取舜的财物之事有所依据。瞽叟与象如此明目张胆地迫害舜，舜能有所不知，有所不妨？所以每次情况看似危险，舜都能委曲周旋，成功逃脱，且不违孝道，正如《孟子·万章上》中所言"君子可欺之以方，难罔以非其道"②。舜对父亲谨奉子道是孝的表现，而舜能做到兄弟孝慈也是一种孝的表现。舜知父亲爱后妻子，故而能友善对待兄弟，甚至能在被迫害之后更加友爱兄弟，这是将对父亲的孝推及对家人的关爱，是大孝的体现。虽然这段文字选取了《尚书》和《孟子》的相关记述，但是能将材料紧密整合，使得前后因果叙述得如此完整而有逻辑，是司马迁高超叙事能力的体现。因此清人吴见思在《史记论文》中给予很高评价："《尧》《舜》二纪，纯用《尚书》《孟子》，略改字面，便是太史公之文，不是《尚书》《孟子》之文。且既经删改，而运用插和，绝无痕迹，岂非神乎！"③

① 见附录一。
② 〔战国〕孟子：《孟子译注》，杨伯峻译注，中华书局，1960，第194页。
③ 〔清〕吴见思：《史记论文》，上海古籍出版社，2008，第11页。

舜在践行孝道的路途上遭遇的巨大困境反而使舜的孝行成为永恒的典范。另外，舜的伟大之处不仅体现在窘迫困顿之时可以恭谨地侍奉父母，友爱兄弟，更在于功成名就践天子位之时还能"载天子旗，往朝父瞽叟，夔夔唯谨，如子道。封弟象为诸侯"①。富贵不忘孝亲更显难能可贵，对孝道的践行有始有终，方显其厚美孝德。

二、历试诸难

舜以至孝之名被推荐到帝尧面前，尧于是敢把自己的女儿嫁给舜，且派使自己的九个儿子与舜相处，既有考验之意，也有督察之心。舜果然如四岳所荐之言，能使二女谦逊，九男笃诚，使家庭处于和谐的环境中。

然后，尧对舜的考察逐步扩大，"使舜慎和五典，五典能从。乃遍入百官，百官时序。宾于四门，四门穆穆，诸侯远方宾客皆敬"②。对于这一内容，司马迁在《舜纪》中是这样扩展的：

> 于是尧乃试舜五典百官，皆治。昔高阳氏有才子八人，世得其利，谓之"八恺"。高辛氏有才子八人，世谓之"八元"。此十六族者，世济其美，不陨其名。至于尧，尧未能举。舜举八恺，使主后土，以揆百事，莫不时序。举八元，使布五教于

---

① 〔汉〕司马迁：《史记·五帝本纪》，中华书局，2011，第40页。
② 〔汉〕司马迁：《史记·五帝本纪》，中华书局，2011，第20页。

四方，父义，母慈，兄友，弟恭，子孝，内平外成。昔帝鸿氏
有不才子，掩义隐贼，好行凶慝，天下谓之浑沌。少暤氏有不
才子，毁信恶忠，崇饰恶言，天下谓之穷奇。颛顼氏有不才
子，不可教训，不知话言，天下谓之梼杌。此三族世忧之。至
于尧，尧未能去。缙云氏有不才子，贪于饮食，冒于货贿，天
下谓之饕餮。天下恶之，比之三凶。舜宾于四门，乃流四凶
族，迁于四裔，以御螭魅，于是四门辟，言毋凶人也。①

由此可以看出，舜的"五典能从"体现在"举八元，使布五教于四
方，父义，母慈，兄友，弟恭，子孝，内平外成"②；"百官时序"
体现在"举八恺，使主后土，以揆百事，莫不时序"③；"四门穆
穆"体现在"宾于四门，乃流四凶族，迁于四裔，以御螭魅，于是
四门辟，言毋凶人也"④。司马迁通过拓展内容的方式把博洽纷杂
的材料组织得脉络清晰，有条不紊，在某种意义上可以说《舜纪》
就是《尧纪》的注解和补充。在《尧纪》中还有这样一段记述："于
是舜归而言于帝，请流共工于幽陵，以变北狄；放驩兜于崇山，以
变南蛮；迁三苗于三危，以变西戎；殛鲧于羽山，以变东夷：四罪
而天下咸服。"⑤对比以上引文可知，四凶族即为四罪，四裔即为
幽陵、崇山、三危、羽山中国四极之地，螭魅即指北狄、南蛮、西

---

① 〔汉〕司马迁：《史记·五帝本纪》，中华书局，2011，第33页。
② 〔汉〕司马迁：《史记·五帝本纪》，中华书局，2011，第33页。
③ 〔汉〕司马迁：《史记·五帝本纪》，中华书局，2011，第33页。
④ 〔汉〕司马迁：《史记·五帝本纪》，中华书局，2011，第33页。
⑤ 〔汉〕司马迁：《史记·五帝本纪》，中华书局，2011，第26-27页。

戎、东夷四大威胁华夏安全的少数民族。流传至今的神话传说系统中都把上古四大凶兽浑沌、穷奇、梼杌、饕餮当作是作恶多端之神人驩兜、共工、鲧和三苗死后的化身，浑沌、穷奇、梼杌、饕餮四凶和驩兜、共工、鲧和三苗四罪也是对应的。程余庆认为司马迁于《尧纪》《舜纪》中分别采用《孟子》和《左传》的说法，不是互相抵牾记载有误，而是各取其说以备后用。①笔者认为司马迁两存其说又完美对应，既是一种"疑则传疑"②"纪异而说不书"③的著史态度的体现，也未尝不受神话传说对宏观认知的影响，而不自觉地把神话历史化了，正如叶舒宪先生所言："一位人类学家说得好，神话讲第一遍的时候是神话，神话讲第二遍的时候是传说，神话讲第三遍的时候就成了历史。"④尧没能举用"八恺""八元"，也未能除害"四凶"，侧面衬托出舜治理国理政的卓越才能。

而舜"入于大麓，烈风雷雨不迷"，是说舜在烈风暴雨的恶劣天气里进入茂林深处也能正确行进而不迷失方向。这种资质在远古于自然中求生存的生活环境中具有重要作用，不仅体现其个人安身立命的能力，更决定其能否带领人民躲避自然灾害，确保社会安宁。尧也因此确认舜是合适的王位继承人，值得传授天下。

---

① 〔清〕程余庆：《历代名家评注史记集说》，三秦出版社，2011，第10页。
② 〔汉〕司马迁：《史记·三代世表》，中华书局，2011，第411页。
③ 〔汉〕司马迁：《史记·天官书》，中华书局，2011，第1249页。
④ 叶舒宪：《尧舜禅让：儒家政治神话的历史构建》，《民族艺术》2016年02期，第46页。

三、代尧摄政

尧命舜摄政期间，舜已做出一番成就，因而得以积聚民心而后顺利践天子位。但是舜的摄政依然处于尧的监管之下，是尧"命舜摄行天子之政，以观天命"，所以太史公把舜的摄政事迹归于《尧纪》：

> 舜乃在璇玑玉衡，以齐七政。遂类于上帝，禋于六宗，望于山川，辩于群神。揖五瑞，择吉月日，见四岳诸牧，班瑞。岁二月，东巡狩，至于岱宗，柴，望秩于山川。遂见东方君长，合时月正日，同律度量衡，修五礼五玉三帛二生一死为挚，如五器，卒乃复。五月，南巡狩；八月，西巡狩；十一月，北巡狩：皆如初。归，至于祖祢庙，用特牛礼。五岁一巡狩，群后四朝。敷告以言，明试以功，车服以庸。肇十有二州，决川。象以典刑，流宥五刑，鞭作官刑，扑作教刑，金作赎刑。眚灾过，赦；怙终贼，刑。钦哉，钦哉，惟刑之静哉！①

程余庆把舜摄政期间的成就归纳为经天、轶祀、朝觐、巡狩、纬

---

① 〔汉〕司马迁：《史记·五帝本纪》，中华书局，2011，第22页。

地、明刑六个方面①，比较细致全面。"在璇玑玉衡，以齐七政"为经天。三家注《史记》中，郑玄释"璇玑""玉衡"为浑天仪是错误的。司马迁在《天官书》中明确提出："北斗七星，所谓璇玑玉衡，以齐七政。"②"在璇玑玉衡，以齐七政"即观察北斗七星，观测天象变化，探明日月星辰的运行规律，据以安排农事、政事等各项活动，具有推测历法的功能。"类于上帝，禋于六宗，望于山川，辩于群神"③为轶祀。类、禋、望、辩都是祭祀的名称，祭祀对象从天神地只到人鬼宗庙到山川群神无所不包，祭祀之礼基本完备。"揖五瑞，择吉月日，见四岳诸牧，班瑞"④为朝觐。舜以天子身份聚敛五种玉器，选择合适的日期去召见各地长官并分赐瑞信，向诸方明确自己的身份。舜既已摄行天子政，见四岳诸牧则是为自上而下的"召见"而非自下而上的"朝觐"。崔述评曰："此纪布政于内之事，先示神而后治人者，奉天而以出治，明不敢自专也。"⑤先祭祀以示神，后召见四岳诸牧以治人，与"命舜摄行天子之政，以观天命"呼应。

　　然后，此段文字较为详细地记述了舜巡狩四方的事迹。《孟

---

　　①　〔清〕程余庆：《历代名家评注史记集说》，三秦出版社，2011，第6-7页。

　　②　〔汉〕司马迁：《史记·天官书》，中华书局，2011，第1205页。

　　③　〔汉〕司马迁：《史记·五帝本纪》，中华书局，2011，第22页。

　　④　〔汉〕司马迁：《史记·五帝本纪》，中华书局，2011，第22页。

　　⑤　崔述语，见泷川资言《史记会注考证》，上海古籍出版社，2015，第34页。

子·梁惠王下》有言:"天子适诸侯曰巡狩,巡狩者巡所守也。"①
程余庆亦说:"天下非一人所能独治,于是有封建。诸侯不能保其
常治,所以有巡狩。巡狩者,所以维持封建也。"②天子巡狩是为
了监察诸侯的政绩,是一种经营四方,确保长治久安的重要措施。
此外,舜的巡狩活动中还包含着封禅之礼。在《史记·封禅书》
中,太史公将此段文字再次引用,并将舜巡狩所至之五岳详列。舜
先至东岳泰山,然后依次至南岳衡山、西岳华山、北岳恒山、中岳
嵩山举行祭祀天帝之礼,以示受命于天。自此后,帝王巡狩和封禅
常常相结合,一个新朝代的天子也常常前往泰山封禅。秦始皇至泰
山"明其得封也",汉武帝"始建汉家之封"而往泰山,封禅泰山
成为帝王受命于天的象征。所以舜之巡狩封禅五岳即为对"观天
命"的实践。"五岁一巡狩,群后四朝。"郑玄《史记集解》解释
为:"巡狩之年,诸侯见于方岳之下。其间四年,四方诸侯分来朝
于京师也。"③天子每隔五年巡狩一次,其间四年诸侯朝觐天子,
即为孟子所说"述职"。巡狩与述职成对应关系,是天子与诸侯进
行行政联络的重要方式之一。在巡狩期间,舜还完成了"合时月正
日,同律度量衡,修五礼五玉三帛二生一死为挚"④,目的在于统
一各种标准,协和诸侯国之间的差异,确立社会互信。"肇十有二
州,决川"为纬地。创立十二州,疏通河道之事也是在巡狩期间完

① 〔战国〕孟子:《孟子译注》,杨伯峻译注,中华书局,1960,第31页。
② 〔清〕程余庆:《历代名家评注史记集说》,三秦出版社,2011,第7页。
③ 〔汉〕司马迁:《史记·五帝本纪》,中华书局,2011,第26页。
④ 〔汉〕司马迁:《史记·五帝本纪》,中华书局,2011,第22页。

成的。"肇"，始也。舜首次在全国划分区域，具有开创之功，为后来禹"渐九川，定九州"提供了经验，奠定了基础。崔述认为，至此，成天之天道、治人之人道、平地之地道，三才之道皆备，舜以此做到了天人合一。

舜摄政时的又一重要举措在于明刑。刑罚对于维护社会安定的作用毋庸多言，至今仍是国家法治的一个重要方面。虽然尧曾"杀一人刑二人而天下治"，但把刑罚明确确立下来的是舜。舜制定五种基本刑罚方式以治理万民，但是又用流放的方式宽恕犯罪之人，"流共工于幽陵，以变北狄；放驩兜于崇山，以变南蛮；迁三苗于三危，以变西戎；殛鲧于羽山，以变东夷"[1]就是此制度的注脚。流放之人还能帮助解决民族矛盾，促进民族融合，流放中寓有教化，所以吴见思评曰："流放中具有仁德，具有经济，是五帝德。"[2]另外，舜还规定了不同刑罚的适用场合，并且明确因灾致过可饶恕，自己作恶则该杀。舜之明刑即为仁德和智慧结合的产物。而明刑的重点落在最后一句"钦哉，钦哉，惟刑之静哉！"刑罚虽然可以"惩恶禁后"，对犯罪有一定的约束力，但是要用之有度。《尚书·康诰》有"敬明乃罚"[3]，《尚书·吕刑》有"惟敬五刑，以成三德"[4]，都强调慎用刑罚的重要性。"依律慎刑，务在宽

① 〔汉〕司马迁:《史记·五帝本纪》，中华书局，2011，第 27 页。

② 〔清〕吴见思:《史记论文》，上海古籍出版社，2008，第 11 页。

③ 〔清〕孙星衍:《尚书今古文注疏》，陈抗，盛冬玲点校，中华书局，1936，第 363 页。

④ 〔清〕孙星衍:《尚书今古文注疏》，陈抗，盛冬玲点校，中华书局，1936，第 529 页。

简"这一法治思想自五帝时代就已萌芽，而帝舜之明德慎刑完美诠释了"德礼为政教之本，刑罚为政教之用"这一中华法治文化的精髓。段末以呼告的语气倡言：要审慎使用刑罚！可谓恳切至极。

舜在经纬天地、巡狩明刑方面做出的成就让天下人信服，所以帝死后，帝舜先让位于丹朱，但是天下人都愿归服于舜，帝舜于是践登天子位，以行天子政。

四、践登帝位

《典语》有云："以天下至广，庶事总猥，非一人之身所能周理，故分官别职，各守其位。"①天下非一人所能独治，所以设官分职为必然。舜践登帝位，执掌国家政权后做的最重要的一件事就是求贤任能，设官分职，定二十二人分管各项事务以"相天事"即辅助舜做好上天授予的治国之事：

> 而禹、皋陶、契、后稷、伯夷、夔、龙、倕、益、彭祖自尧时而皆举用，未有分职。
>
> 于是舜乃至于文祖，谋于四岳，辟四门，明通四方耳目，命十二牧论帝德，行厚德，远佞人，则蛮夷率服。舜谓四岳曰："有能奋庸美尧之事者，使居官相事？"皆曰："伯禹为司空，可美帝功。"舜曰："嗟，然！禹，汝平水土，维是勉

---

① 陆景：《典语》，见〔清〕严可均辑《全三国文》，商务印书馆，1999，第707页。

哉。"禹拜稽首，让于稷、契与皋陶。舜曰："然，往矣。"舜曰："弃，黎民始饥，汝后稷播时百穀。"舜曰："契，百姓不亲，五品不驯，汝为司徒，而敬敷五教，在宽。"舜曰："皋陶，蛮夷猾夏，寇贼奸轨，汝作士，五刑有服，五服三就；五流有度，五度三居：维明能信。"舜曰："谁能驯予工？"皆曰垂可。于是以垂为共工。舜曰："谁能驯予上下草木鸟兽？"皆曰益可。于是以益为朕虞。益拜稽首，让于诸臣朱虎、熊罴。舜曰："往矣，汝谐。"遂以朱虎、熊罴为佐。舜曰："嗟！四岳，有能典朕三礼？"皆曰伯夷可。舜曰："嗟！伯夷，以汝为秩宗，夙夜维敬，直哉维静絜。"伯夷让夔、龙。舜曰："然。以夔为典乐，教稚子，直而温，宽而栗，刚而毋虐，简而毋傲；诗言意，歌长言，声依永，律和声，八音能谐，毋相夺伦，神人以和。"夔曰："于！予击石拊石，百兽率舞。"舜曰："龙，朕畏忌谗说殄伪，振惊朕众，命汝为纳言，夙夜出入朕命，惟信。"舜曰："嗟！女二十有二人，敬哉，惟时相天事。"三岁一考功，三考绌陟，远近众功咸兴。分北三苗。

此二十二人咸成厥功：皋陶为大理，平，民各伏得其实；伯夷主礼，上下咸让；垂主工师，百工致功；益主虞，山泽辟；弃主稷，百穀时茂；契主司徒，百姓亲和；龙主宾客，远人至；十二牧行而九州莫敢辟违；唯禹之功为大，披九山，通九泽，决九河，定九州，各以其职来贡，不失厥宜。方五千里，至于荒服。①

尧未能举"八恺""八元"，而舜举用之；尧举禹等十人而未有分
职，所以舜将要为此十人分官设职。太史公司马迁先总提此十人之
名，然后接《尚书》所纪舜之分工之事，与前文结构对应。舜摄政
时肇立十二州，践帝位而设十二牧以主十二州之政，且命十二牧讨
论帝王应具备的德行。然后舜依次以"能美尧之事""能驯予工"
"能驯予上下草木鸟兽""能典三礼"为由向四岳诸臣求能胜任之
人，四岳也依次举荐了禹、垂、益、伯夷四人。故此，舜命禹为司
空，主治水；命垂为共工，主百工；命益为朕虞，主山泽鸟兽；命
伯夷列为秩宗，主礼仪。禹受职之时推荐的稷、契与皋陶和伯夷受
职之时推荐的夔、龙也被分别授予职位：弃为后稷，主种植；契为
司徒，主教化；皋陶为大理，主刑法；夔为典乐，主音乐；龙为纳
言，主宾客。此九人皆依其所长而被授予职务，使各尽其能。在此
九官中，司空、共工、朕虞、秩宗四官负责平水土、统百工、管山
泽、掌祭祀，是舜十分重视的职位，所以舜向四岳咨询以后才做出
的任命决定。而种植、司徒、刑法之事为旧职，舜践帝位之前就已
存在，而且禹的谦让也可说明稷、契与皋陶的才能，所以舜未向四
岳询问便做出任命。从禹到稷、契、皋陶的任职顺序可知其蕴藏一
定的逻辑关系：水土平而耕稼兴，耕稼兴则衣食足，衣食足而知荣
辱，然后教化、刑罚皆有可用。而此段所序九官的顺序也是有根据

① 〔汉〕司马迁：《史记·五帝本纪》，中华书局，2011，第35、36、39页。

的，正如程余庆所言："治莫急于相，故询岳咨牧后，即求百揆之人。其次兴养，次立教，次明刑，次利用，其余以及草木鸟兽各遂其生。然后节之以礼，和之以乐，而终以纳言，相与保治于无穷。此九节相承之序，而万世治天下之规，不出于此。"舜所设之官涉及人与自然、人与社会、人与人之间的关系处理，涵盖了君王治民的各项事业，早期国家的雏形已经基本明朗化。

此段只详论九官，另提及朱虎、熊罴两人，而舜所言有"二十有二人"，学界对于这"二十有二人"至今未有定论。《史记会注考证》引蔡沈言："二十二人，谓四岳九官十二牧也。"①引崔适言："自禹至彭祖，共为十人，加以十二牧，乃为二十二人也。"②而马融《史记集解》认为："稷、契、皋陶皆居官久，有成功，但述而美之，无所复敕。禹及垂已下皆初命，凡六人，与上十二牧四岳，凡二十二人。"③各说皆有所据但也有疏漏之处。首先，在《尚书》和《五帝本纪》中，引四岳的回答都用"皆曰"（《尚书》用"佥"，皆也），可知"四岳"并非指一人。在《尧纪》中有这样一段对话：

尧曰："鲧负命毁族，不可。"

岳曰："异哉，试不可用而已。"

尧于是听岳用鲧。九岁，功用不成。

① 〔清〕程余庆：《历代名家评注史记集说》，三秦出版社，2011，第11页。
② 〔日〕泷川资言：《史记会注考证》，上海古籍出版社，2015，第56页。
③ 〔汉〕司马迁：《史记·五帝本纪》，中华书局，2011，第38页。

尧曰:"嗟!四岳:朕在位七十载,汝能庸命,践朕位?"

岳应曰:"鄙德忝帝位。"①

此处的"岳"应为"四岳"之一,所以太史公只用岳而未用"四岳"。如若四岳十二牧并举,"四岳"应该是四个人(马融之说同此),至少"四岳"不是一个人,所以蔡说不可为信。其次,太史公首提禹至彭祖十人,确有重视此十人之意。且四岳自尧时即有,舜又咨于四岳而分职,所以不将四岳计入。崔适之说或得太史公之意。但是太史公后叙之文皆从《尚书》之说,"二十二人"也是《尚书》所定,《尚书》中不言彭祖,此"二十二人"也应不计彭祖。而且司马迁于《五帝本纪》中总结二十二人的功绩时也没有再次强调彭祖,虽然有学者认为此处应有脱简,但是在没有确切证据的情况下,崔说也是不足信的。最后,马融认为稷、契、皋陶皆居官已久,盖旧任副官不计,只记禹、垂、益、伯夷、夔、龙六个新官,再加四岳十二牧为二十二人。稷、契二人确实居官已久,稷、契在尧之时就已掌管种植、司徒之事。《史记·周本纪》载:"帝尧闻之,举弃为农师,天下得其利,有功。"②《史记·三代世表》载"契生而贤,尧立为司徒,姓之曰子氏。"③唯皋陶之事未有根据。虽然稷、契、皋陶所任之职皆为旧职,但在整段完整的对话叙述中,以新旧官职区分是否属于二十二人似有突兀之处。另外,此段

① 〔汉〕司马迁:《史记·五帝本纪》,中华书局,2011,第19-20页。

② 〔汉〕司马迁:《史记·周本纪》,中华书局,2011,第138页。

③ 〔汉〕司马迁:《史记·三代世表》,中华书局,2011,第412页。

文字中还提到朱虎、熊罴两人，此二人也不应轻易抹去。金景芳、吕绍刚先生著《〈尚书·虞夏书〉新解》认为此二十二人既不包括四岳，也不包括十二牧，而全部指舜所任职的包括禹、垂、益、伯夷、稷、契、皋陶、夔、龙、朱、虎、熊、罴等二十二人，其余有缺者皆应《尚书》记载不全。①笔者认为，当以金先生所说为是。太史公司马迁写《五帝本纪》之时，就已发现二十二人数目有缺，故以九官十二牧为基础，又加彭祖一人而特书于前，以补足《尚书》的缺失。尽管太史公所记之人或非完全准确，但也足见太史公为"厥协六经异传，整齐百家杂语"（《太史公自序》）所做的努力。

"古之圣帝，立辅弼之臣，列官司之守，劝之以爵赏，戒之以刑罚，故明诚以效其功，考绩以核其能，德高者位尊，才优者任重。"②舜帝对地方官员的政绩考察不仅有巡狩，还有考功。通过考察官员政绩，奖赏并提升表现好、有善政之官，或对表现不好的官员进行惩罚和降职，而且考察频率很高，三年即考功一次。在舜的监督和各位官员的努力下，众功皆兴，各项事业都蓬勃发展起来。三苗问题也以分别瓦解、流徙远方的方式处理。此外，司马迁在评述二十二人的功绩成就之时，将禹之功单独提出置于最后做重点评价，既是肯定禹的功绩之大，也为舜禅天下于禹张本，为《史

① 金景芳、吕绍刚：《〈尚书·虞夏书〉新解》，辽宁古籍出版社，1996，第175页。
② 陆景：《典语》，见严可均辑《全三国文》卷七十，商务印书馆，1999，第707页。

记·夏本纪》的铺展埋下伏笔。

舜年二十以孝闻，被四岳推荐于尧，年三十见于尧历试诸难，年五十摄行天子政，年六十一践帝位，践帝位三十九年而崩，崩于巡狩期间，享年一百岁。其明德抚及四方夷人，四海之内皆称颂其功德。观察舜的一生，是对修身、齐家、治国、平天下的有力践行，所以司马迁称颂其"天下明德皆自虞帝始"。帝舜在黄帝、颛顼、帝喾、尧建立的华夏基业上带领人们奋力前行，继续勃兴，终于建成一个朝气蓬勃，欣欣向荣的清明天下，可以说五帝缔造中华、凝聚民族、发展文明的伟大事业在舜时全面完成。

第三节　尧、舜叙事的意义评估

在司马迁笔下，从黄帝草创国家，到尧舜时经济发展、制度大备，远古中国在以黄帝、颛顼、帝喾、尧、舜五位帝王为代表的圣明君王的带领下，以昂扬之姿迈入文明世界，成为中国文明的起源和中国文明史的开端。尧、舜时期，王权不断加强且出现王位禅让制，行政机构规模初具，刑法、礼法等维护社会统治的制度得以开创并走向成熟，社会生产得到巨大的发展，致使社会分工的出现，各行业部门的分官设职又促使众功皆兴，推动生产力持续发展。相比于黄帝、颛顼和帝喾，尧舜时期主要体现在从军事扩张到内政发展的进步和从武力征伐到举贤禅让的转变。

一、军事扩张与内政发展

杨联升在《中国制度史研究》中提道："一般来说，中国的传统是从一个朝代的创立者那里期望军事上的业绩，而从他的继承人那里期望内政上的成就，因而就区分出创业之君和守成之君。"[①]《五帝本纪》中的黄帝以武力征伐统一天下，是创业之君的代表，而颛顼、帝喾、尧、舜就是守成之君的代表，在黄帝军事巩固的稳定疆域内努力发展，尤其在尧舜之时，中国内政取得了巨大成就。可以说五帝就是现有历史记载中对"从创业之君到守成之君"这一传统的开创者。黄帝征伐之事既已有相关记载，又符合历史发展的规律与中国朝代更替的传统，就不应轻易否决，司马迁或是深谙此王迹所兴之道。

黄帝之时，通过武力征伐统一天下，确使人民保有一定稳固的生存发展空间为第一要务。从黄帝统一疆域至长江沿岸，到颛顼扩张领土靠近南海，中国之辽阔幅员基本确立，帝王的任务则从扩张领土转向发展经济。尧舜之时，社会生产进步明显，物质文明、制度文明和精神文明的诸因素都得以孕育和发展。尧戴黄帽，着黑衣，乘红车，坐白马，衣着华贵，出行有乘骑，俨然一派富贵祥和的景象，与黄帝征伐天下，斗争于生死存亡之间的紧张氛围全然不同。而太史公只用一句"黄收纯衣，彤车乘白马"就将这明显的区

---

① ［美］杨联升:《中国制度史研究》，江苏人民出版社，2007，第5页。

别展示出来，显示了帝尧时生产力的进步。舜耕种、打鱼、制陶皆有所成，"一年而所居成聚，二年成邑，三年成都"①，农业、畜牧业、饲养业、手工业全面发展，城市发展也体现经济水平的提高，代表了尧舜时期物质文明的提升。祭祀、封禅之礼制的完善，五刑、流放之刑法的开创，分职、考功之官制的发展，显示了尧舜之时制度文明的进步。尧舜观测天文历法、治理洪水、流放四罪以教化四夷以及命夔典乐且"作五弦之琴，以歌南风"等举措也体现出了科学、政教、艺术等精神文明方面的演进。另外，在固有领土上谋求发展还依靠稳定的社会环境，帝王巡狩以督导国内事务的正常进行，分北三苗以维护边疆地区的稳定，都体现了尧舜之时社会的进步与发展。

在尧舜的努力下，国家发展从开拓走向繁荣，人们从努力维持生存转向追求幸福生活，生命的意义被无限扩大，一个经济发展、生活稳定的"小康"国家得以建立。

二、武力征伐与举贤禅让

在社会发展的历程上，《五帝本纪》展现的是一条从军事扩张到内政发展，从地域扩大到经济发展的道路；而在王朝更替、王位传承的历史发展上，《五帝本纪》记载了从武力征伐完成统一到选贤举能大义禅让的兴替途径。黄帝靠武力征伐草创国家，尧舜在全

---

① 〔汉〕司马迁：《史记·五帝本纪》，中华书局，2011，第31页。

力发展时举贤禅让，都体现出德才兼备之圣王明君的卓越才能和宽广胸怀对国家兴盛发展的重要作用。完成统一和持续发展是国家长治的主要内容，司马迁准确把握到这一历史趋势，浓墨重彩地记述了黄帝征伐而得天下和尧舜禅让制度的实行这两件大事，原王迹所兴之始，见出社会稳定、政治清明、经济发展之盛。

黄帝之前，神农氏为天子，但神农氏日渐衰落，诸侯之间征伐无道，一个王朝走向覆灭的边缘。在此社会背景下，黄帝以强大的军事实力平定动乱，且因高尚德行获得民众的拥戴，继而在天下人的拥护下登上帝位成为一种必然途径。在乱世中通过武力征伐获取胜利往往是王朝更替的一条重要途径，而在社会稳定之时，王位的平稳过渡，权利的顺利交接就显得更为重要。在《五帝本纪》中，司马迁根据《五帝德》《帝系姓》的记载整理记录了政权交替的多种方式，从中透露出司马迁对理想帝王的期待。黄帝传位孙子颛顼，颛顼传位侄子帝喾，帝喾传位儿子挚，挚不善而尧乃立，从黄帝到颛顼到帝喾再到尧，并非完全按照父传子的模式进行王位传承，而颛顼、帝喾、尧各纪都以颂扬其德行开篇，或是说明在尧之前，帝王传承王位就蕴含着注重继承人的德行，择贤而立的因素，而尧将此选择标准发扬光大，将选择范围扩展到全国人民当中，而且司马迁明确提到："自黄帝至舜、禹，皆同姓而异其国号，以章明德。"①世系传承或因历史记载无法轻易更改，但司马迁通过对五帝事迹进行有意义的重新编排，意欲彰显五帝之明德与帝功的决

---

① 〔汉〕司马迁：《史记·五帝本纪》，中华书局，2011，第41页。

心由此可见。五帝之间的王位传承经历了从天下人自主选择共主到自愿为天下人选择明君的发展过程，而德才兼备既是这些明君圣主共同具有的特征，也是选贤举能的标准，代表了司马迁的圣王理想。司马迁看重的是五帝成就的"厥美帝功"，而这"厥美帝功"的成就正在于五帝的德才兼备。

《资治通鉴》有言曰："才者，德之资也；德者，才之帅也……是故才德全尽谓之'圣人'。"①五帝皆可谓"才德全尽"的圣人。五帝的"德"体现在自觉修身上，而"才"体现在经国治世的才能智慧上：黄帝以聪明智慧统一天下，以修德振兵抚教万民；颛顼、帝喾聪明而知民之急，修身而天下服；尧有经理社稷的才能和敬授民时、举贤禅让的大公无私之德；舜则是集修身、治国、平天下的德行与才能于一身的楷模。五帝虽然德才兼备，但并非尽善尽美的完美帝王，正因每个帝王不能尽善尽美，才留给后世王位继承者在传承的基础上取得更大进步的发展空间，才符合古今之变的历史发展轨迹。尧之所以不传位丹朱，且对舜进行重重考察，与帝喾曾传位失败有关。帝喾之子尧之兄挚先于尧得天子位，或因德行不好，或因才能不足，总之其人治国不善，尧因此有以挚为警戒之意。"八恺""八元"有美德而尧未能举用；"四罪"扰乱社会让世人都担忧，而尧未能替民除恶；禹、伯夷等十人在尧时举用而未有分职。至舜时贤能之人皆得举用，顽凶之人亦被流放。五帝在承袭前人的成果与努力后，追求进步创造出更美好的社会，体现了司马迁

---

① 〔宋〕司马光编著：《资治通鉴》卷一，〔元〕胡三省音注，中华书局，1956，第14页。

进步的、发展的历史观。

《五帝本纪》作为生成、塑造、承载文化记忆的书写媒介，在对历史"史实"本身的"裁制"与"重塑"中嵌入司马迁个人的作史意识，以"述而不作"的宣告或隐或显地实现对历史记忆的编排和形塑。从黄帝以武力平乱世，到尧舜以仁德成就一个"天下为公，选贤举能"的大同社会，中华民族经历了包举宇内、囊括四海的一统征程和各项制度初步完备的社会建设。五帝建立了历代追慕的伟大功业，成就了万世尊崇的清明盛世，为中华文明奠定了基础。秦始皇自认有"功盖五帝，泽及牛马"的功德，汉武有"上参尧舜，下配三王"的雄心抱负，后世皆渴望"致君尧舜上，再使风俗淳"的圣明君王和清明社会。尧舜时代在中国历史长河中闪耀出璀璨的星光，成为中华民族永恒而美好的记忆。司马迁在五百年之运继《春秋》而"载明圣盛德""整齐其世传"的宏大愿景借由对上古五帝及近古帝王的叙事得以实现，正如王充所论："汉德不休，乱在百代之间，彊笔之儒不著载也。高祖以来，著书者不讲论汉。司马长卿为《封禅书》，文约不具。司马子长纪黄帝以至孝武。扬子云录宣帝以至哀、平。陈平仲纪光武。班孟坚颂孝明。汉家功德，颇可观见。"①

---

① 〔汉〕王充：《论衡校释》，黄晖校释，中华书局，1990，第 854 页。

第四章

《五帝本纪》的叙事艺术

　　《史记》不仅是一部伟大的历史著作，也被认为是千古文章之祖。作为正史的开端，古文的楷模，《史记》以卓越的叙事艺术称美天下。《五帝本纪》作为《史记》的开篇，是"《史记》第一篇加意文字"①，直接体现司马迁的叙事能力，正如张大可所说："历史著作，贵在信而有征，以'述'见长。其实'述'亦'作'，融会贯通百家学说，剪裁熔铸古今典籍，自成一家之言，这非有大学问大手笔而不能作。"②

第一节　前后承接、连环叙写的叙事结构

　　《史记》作为纪传体文学，不仅全书各篇按时间顺序排列，单独各篇也是以时间为经，以事件为纬，按照历史的发展规律通过线性叙述以展现人物事迹的完整发展过程，虽时有评论、倒叙、插叙等叙述方式的转换，但整体的叙述过程有序而完整，少有中断。这种体例模式，本身客观上就能明确显示出历史发展的通变进程。

　　惠栋曰："《史记》长篇之妙，千百言如一句，由来线索在手，

① 李景星：《史记评议》，上海古籍出版社，2008，第79页。
② 张大可：《史记研究》，甘肃人民出版社，1985，第232页。

举重若轻也。识得此法，便目无全牛。"①邱逢年亦说："太史公凡纪表书传世家，每作一篇，必综会其世其帝其国其人其事之始终曲折，审其孰重孰轻，炯若观火，然后即其重者以立主意，复执此以制一切详略虚实之宜。……但觉一片浑融，无复经营拟议之迹。"②在《五帝本纪》中，司马迁合五位帝王的传记为一体，以"王迹所兴"为"主意"，在写作上以血脉世系相连接，在记事上则以五帝功业相承续，并着重记述黄帝的统一和尧舜的禅让，五位帝王纪紧密连接，脉络清晰，线索明确，详略有致。而且在具体内容的叙述上，司马迁也能做到条理清楚，首尾贯通。正如吴见思所论："史公作文，虽序许多人，其实只是一篇文字，中间自有神理贯串，线索通联。如五帝一纪，大者止天地、山川、岁时、日月、礼乐、制度、设官、分职，有衍为数百言者，有缩为数字者，节节照应，处处融通，而互相映发处，机神尤浃，结处一总，收尽通篇。彻尾彻首，并无间断也。"③《五帝本纪》在叙事上呈现出的节节贯通、条理清楚的风格，与司马迁采用前后承接、连环叙写的叙事结构有很大关系。

《五帝本纪》按照黄帝、颛顼、帝喾、尧、舜五位帝王之纪顺序写作，每一纪完成之后，通过对其子孙世系和功绩承接的记叙，

---

① 杨燕起、陈可青、赖长扬：《历代名家评史记》，华文出版社，2005，第177页。

② 〔清〕邱逢年：《史记阐要》，见杨燕起、陈可青、赖长扬《历代名家评史记》，华文出版社，2005，第97页。

③ 〔清〕吴见思：《史记论文》，上海古籍出版社，2008，第11页。

引出下一位主人公，过渡部分简洁明了，既上结一人一纪，又顺利引入下一人。五篇帝王纪形成连环锁的结构，类似诗歌中的顶真手法，一环扣一环，紧密连接而不显突兀，从下表可明显看出：

> 黄帝者……是为帝颛顼也→颛顼者……是为帝喾→
>
> 帝喾高辛者……是为帝尧→帝尧者……是为帝舜→
>
> 虞舜者……唯禹之功大……

《五帝本纪》的结构严密逻辑分明，一目了然。在《五帝本纪》末，司马迁以一段文字总收全篇：

> 自黄帝至舜、禹，皆同姓而异其国号，以章明德。故黄帝为有熊，帝颛顼为高阳，帝喾为高辛，帝尧为陶唐，帝舜为有虞。帝禹为夏后而别氏，姓姒氏。契为商，姓子氏。弃为周，姓姬氏。①

此段三句话，先点明按世系传续，同姓而异其国号，意在彰显五帝之明德，继而总提五帝的国号，既是对上一句的承接，又是对全文的一次总结，然后引入禹、契、弃三人，为《夏本纪》《殷本纪》《周本纪》张本，犹如行云流水，水到渠成，极其自然流畅。从"黄帝二十五子，其得姓者十四人"，到"自黄帝至舜、禹，皆同姓而

---

① 〔汉〕司马迁：《史记·五帝本纪》，中华书局，2011，第41页。

异其国号，以章明德"，五帝叙事首尾完整，清晰展现了历史发展的轮廓，从而达到"察其始终"的目的。

司马迁以此连环结构组织全篇，然后在记叙五帝时又基本按照先讲明出身，再概括特点，接着详细记述功绩，最后讲明子嗣及崩葬情况的叙述模式展开叙述。出身即为以黄帝为始祖的血缘世系传承，每纪开头处以倒叙法上溯始祖至黄帝，明"重种族"之意①，也是"慎终追远"之民族性格的体现。而帝尧的世系列入帝喾纪末，未在其"本纪"中上溯，为此固定叙法的一个变化处。在开篇追溯传记人物的出身，对伟大人物的身世予以回顾，使所传之人的一生得以完整呈现，成为后世纪传体文学普遍继承的传统。然后司马迁用排句对五帝的圣王仁德作赞语，排比铺成，极富文采。五帝的事迹功业为《五帝本纪》的叙述重点，这不仅是凸显五帝生平经历的主体内容，而且对民族传承与国家命运发展有重要影响，所以司马迁对此着力甚勤。黄帝的开创之功通过三次征伐之战的递进得以鲜明展现；颛顼、帝喾的和平传承虽"取《黄帝纪》收束，故叙法不详，然包罗已尽"②；尧、舜的制度大备、举贤而禅则描写详细，时而插入对话、议论，通过散笔纪言推进叙述，其间的叙事方式也是丰富而有变化的。最后以世系传承作结，完成结构的连环衔接。每一纪都采用先总评人物，后分述事迹，再做以总结的结构，相应的叙述形式也是先略后详再略。由此可见，五帝各纪的内部结构也是严密连贯的。

---

① 李景星：《史记评议》，上海古籍出版社，2008，第79页。

② 〔清〕程余庆：《历代名家评注史记集说》，三秦出版社，2011，第3页。

《五帝本纪》以年代为框架，以五帝生平大事为线索，五帝之间又以追溯出身来历、详叙事迹经历、记录子嗣传承为基本模式，形成前后承接，连环叙写的叙事结构，明确记录了历史发展的走向，体现了司马迁对历史发展形势的透彻认识，也为后世提供了一个推进历史叙述的结构范本。外在的叙事结构客观上形成一条发展演进之路，故而司马迁在具体叙述过程中也遵循发展变化的内在逻辑。《五帝本纪》所叙写的疆域、历法、农事、礼仪、官制等内容，皆有一个随历史发展逐渐进步的趋势。外在叙事结构和内在叙事逻辑将五帝纪串联在一起，历史与逻辑和谐统一，展现出一幅波澜壮阔的历史画面，也体现了司马迁"通古今之变"的作史之旨。

第二节　参差错落、穿插变化的叙事笔法

王维桢曰："迁史之文，或由本以之末，或操末以续颠，或繁条而约言，或一传而数事，或从中变，或自旁入，意到笔随，思余语止，若此类不可毛举，竟不得其要领。"[1]司马迁对于历史的发展轮廓成竹在胸，故而叙事结构脉络清晰，而其在以椽巨笔书写历史的过程中，则展现出纵横无尽、意到笔随的叙述才能和敏捷文思。司马迁通过多种叙事笔法将《五帝本纪》叙为浑融一体之作，且于《五帝本纪论赞》中提出其作史之法。这些叙事笔法已经体现

---

[1] 〔清〕凌稚隆：《史记评林》卷首引，天津古籍出版社，1998，第71页。

出司马迁作《史记》之"史法"的多样性，可以见出司马迁高超的叙事能力。在《五帝本纪》中，司马迁主要运用了以下叙述方式：

一、欲扬先抑，倒提作衬

倒提作衬是吴见思在《史记论文》中提出的司马迁叙事笔法之一，即为侧面反衬法，但他在《五帝本纪》的评论中并未提及此法。实际上，在《五帝本纪》开篇，司马迁就运用此法结构文章，以合理引入历史记载中的第一位帝王——黄帝：

> 轩辕之时，神农氏世衰。诸侯相侵伐，暴虐百姓，而神农氏弗能征。于是轩辕乃习用干戈……①

黄帝轩辕得以出现在历史舞台上并绽放异彩的前提条件，是前代帝王神农氏之的衰落，司马迁以神农氏不能征伐诸侯之乱为原因，为黄帝轩辕的出场提供了一个合理的理由，而且先抑后扬，通过记录神农氏的衰落来反衬轩辕的强大实力。明人张之象对此评论说："此将言黄帝征伐之事，必先言神农弗能征，莫能伐，以引起端。先反后正，史家叙事提缀类如此。"②清人牛运震亦曰："此段将言黄帝征伐之事，先言神农氏衰，诸侯相侵。自'轩辕之时'至'诸侯咸来宾从'，先虚冒统叙。又将蚩尤、炎帝特提侧卸，以为下文

---

① 〔汉〕司马迁：《史记·五帝本纪》，中华书局，2011，第3页。
② 〔清〕凌稚隆：《史记评林》卷首引，天津古籍出版社，1998，第17页。

阪泉、涿鹿两段张本。虚实结合，极史法错综之妙。"①可知司马迁是有意为此法来开《五帝本纪》的篇首，既有根据而不显突兀，也留有继续向前探索历史可能性的余地。所谓叙事，是"通过事件的起讫与转折，展示一个绵延不断的时间流中人生经验的本质和意义"②。司马迁的叙事功力在《史记》开篇便达到了相当的艺术高度。

同样，在记叙尧舜之事时，司马迁再一次采用这一方法。在尧询问王位继承人之事时，四岳诸臣先推荐丹朱、共工、鲧三人，三人皆未能成事，"凡作三飏，始入舜事"③，舜才徐徐而出。司马迁对丹朱、共工、鲧的描写简略，只是稍加说明，但此三人的失败与舜的成功已形成强烈的对比，司马迁抑丹朱、共工、鲧三人而扬舜之意显而易见。此外，尧和舜都有举贤任能的德行与才干，尧的圣德体现在大公无私，举舜而禅，舜的才能体现在举才去恶，分官设职。为了区别尧与舜的举贤之功，司马迁先提及尧未能完成的事业，再叙述舜举用"八恺""八元"、去"四凶"和分职之功。张之象亦说："此将叙舜举十六族及去四凶并分职之事，必先言尧未能去，未能举，未有分职，以开其端。先反后正，史家叙事提缀类如此。"④

---

① 〔清〕牛运震：《空山堂史记评注校释》，崔凡芝校释，中华书局，2012，第5页。

② 〔美〕浦安迪：《中国叙事学》，北京大学出版社，2018，第6页。

③ 〔清〕程余庆：《历代名家评注史记集说》，三秦出版社，2011，第18页。

④ 〔清〕凌稚隆：《史记评林》卷首引，天津古籍出版社，1998，第64页。

司马迁以古文为依托，在没有改变古文文意的前提下，用欲扬先抑、倒提作衬的方法把古文材料串联在一起，使各类材料合理有序地融合在一起，既起到反衬的作用，也有以此展现叙述对象之差别的功能。

二、伏笔照应，互见省笔

《五帝本纪》连环相接的结构，在客观上呈现出层层铺垫的效果，黄帝的统一之功为尧舜时的全面发展铺平道路。尤其在写尧和舜时，司马迁更是将伏笔照应的叙事笔法完美运用。

在《尧纪》中，司马迁主要以尧为叙述的重点和中心，基本是从尧的角度来观测舜的才德，以突出表现尧能机智考察、选贤任能的优秀品质，舜只是作为被考察对象，所以司马迁对舜的德行才能描述较为简略。而在《舜纪》中，司马迁以舜为叙述主体，着重展现舜的德行与才能，故而对舜历经诸试的事迹描写更详细具体。舜的事迹在《尧纪》中简要概括，并将舜摄政之时的事迹归于《尧纪》，而在《舜纪》中详述舜从被举荐到历试诸难到摄行天子政直至践天子位的完整生命历程，此互见省笔法的运用，体现了司马迁严密的逻辑思维。

舜以至孝之德闻名于天下，故而得举荐于尧。尧对舜采取的一层又一层的考察，既出于尧自身的考量，也是因舜的良好表现而层层递进的。所以在《舜纪》中，司马迁对舜的种种事迹描述也是依此逻辑层层向前推进的：

舜年二十以孝闻，三十而帝尧问可用者，四岳咸荐虞舜，曰可。于是尧乃以二女妻舜以观其内，使九男与处以观其外。①

舜耕历山……一年而所居成聚，二年成邑，三年成都。尧乃赐舜绨衣，与琴，为筑仓廪，予牛羊。②

舜复事瞽叟爱弟弥谨。于是尧乃试舜五典百官，皆治。③

舜入于大麓，烈风雷雨不迷，尧乃知舜之足授天下。④

四个"乃"字，将舜"历试诸难"的人生历程以清晰的脉络展现出来，中间穿插对舜治家、劳作、孝亲、举"八凯""八元"、去"四凶"的详细描述：舜不仅可以使尧的两个女儿自降身份谦虚对待舜的亲戚，而且能使尧的九个儿子笃诚忠厚，对舜淳厚敬谨；不仅可以耕作、捕鱼、制陶，而且能让共事之人互相谦让，让所在之地物质经济上得到迅速发展；不仅可以妥善处理自己家庭内部矛盾，使家庭关系和谐融洽，而且能够善用人才有效处置朝廷事务。而且行文上与前文提到的《尧纪》中对尧考察舜方方面面的简要概括皆可对应，结构严密，章法严谨。

---

① 〔汉〕司马迁：《史记·五帝本纪》，中华书局，2011，第31页。
② 〔汉〕司马迁：《史记·五帝本纪》，中华书局，2011，第31页。
③ 〔汉〕司马迁：《史记·五帝本纪》，中华书局，2011，第31页。
④ 〔汉〕司马迁：《史记·五帝本纪》，中华书局，2011，第35页。

三、顿挫跌宕，详略相宜

《五帝本纪》结构虽然环环相扣，连接流畅，但司马迁在具体叙事过程中并非平铺直叙，直泻而下，而是跌宕有致，错落不拘，极富表现力。在记述轩辕征伐之事时，司马迁先提"蚩尤最为暴，莫能伐"以立主意，继而转写轩辕与炎帝阪泉之战，然后又转回蚩尤，写轩辕与蚩尤涿鹿之战，最后以"天下有不顺者，黄帝从而征之"突起，一波三折，极富变化，既不显得单调，也把武力征伐的紧张气氛表现了出来，还展现了与炎帝战、与蚩尤战、与不顺者战，此三战在激烈程度上的递进和民心所向、众望所归的趋势。司马迁精绝的叙事手笔在《史记》的开头就已显现出来。此外，尧求贤而禅时，丹朱、共工、鲧、四岳皆被寄予希望而又予以否认，造成情绪上的四起四落，也是顿挫之法的表现。

在《五帝本纪》中，司马迁除了通过对具体事件情节的错落叙述造成顿挫跌宕的叙事效果，还通过对事件的详略叙述形成波澜起伏的叙事效果。细绎《五帝本纪》的文义，就会发现司马迁对于五帝是详叙其德不详其事，叙黄帝只约略数语，不甚详密，但其作为五帝之首在武功和文治上的成就又异常清晰，弥天际地之力量凸显。而至颛顼、帝喾，又更为简略，对其承上启下的作用表述明晰。至尧、舜之纪，则渐趋详密，命官考职之事不胜其烦却不失井然之序，较颛顼、帝喾纪之简洁则显灿然有文，迥然有异。其自朴而文、自粗而精的叙事风格与五帝文明发展的情状自然相应，顿挫起伏高古精密，极为雅驯。

对于舜的"以孝闻名"，司马迁再三申述。先在《尧纪》言其"盲者子。父顽，母嚚，弟傲，能和以孝，烝烝治，不至奸"；后在《舜纪》两次略详述其"父瞽叟盲，而舜母死，瞽叟更娶妻而生象，象傲。瞽叟爱后妻子，常欲杀舜，舜避逃；及有小过，则受罪。舜事父及后母与弟，日以笃谨，匪有解"，"父瞽叟顽，母嚚，弟象傲，皆欲杀舜。舜顺适不失子道，兄弟孝慈。欲杀，不可得；即求，尝在侧"，对"能和以孝，烝烝治，不至奸"做了进一步阐释；然后又详细讲述其"瞽叟尚复欲杀之，使舜上涂廪，瞽叟从下纵火焚廪。舜乃以两笠自扞而下，去，得不死。后瞽叟又使舜穿井，舜穿井为匿空旁出。舜既入深，瞽叟与象共下土实井，舜从匿空出，去……舜复事瞽叟爱弟弥谨"的故事，又可以说是对"欲杀舜，舜避逃；及有小过，则受罪"，"欲杀，不可得；即求，尝在侧"的进一步阐述。瞽叟之事反复提及，由略到详，层层递进，至篇末又重申，为司马迁极用意之文字，形成一种跌宕起伏的独特叙事风格。

《五帝本纪》中常会出现列举人物的情况，如八恺、八元、四凶、十二牧等，司马迁在行文时也是做到了波澜开合，极富变化。十六相与四凶分作两层写，叙十六相时以"分—总—分"的结构叙结成段，先分叙何谓八恺和八元，再总叙此十六族有美德而尧未能举用，再分叙舜分别举用八恺和八元所做之事和取得的成果；叙四凶时又作两层，浑沌、穷奇、梼杌三族为一层，饕餮独为一层，然后总叙舜的功德。关于十六相和四凶的叙述又以"尧未能举"和

"尧未能去"两句呼应，提挈束结相类而中间叙述各有变异，极文字拓展错综之妙。在列叙舜任命十二牧时，询四岳得禹为一叙法，禹推荐弃、契、皋陶为一叙法，垂、益为一叙法，命益带朱虎、熊罴，命伯夷带夔、龙叙法又一变，层层相承而叙法屡变，行文流畅而错落有致，极尽跌宕之致。

司马迁用顿挫波澜、跌宕起伏的叙事手法，把材料处理得详略得宜，变化尽致。感佩于黄帝的征伐之力，统一之功，故而所述气势贯注，顿宕激烈；感慨于帝舜五典百官皆治，故将诸人功绩叙述得肃穆庄重而富有节奏感，以展现帝舜的治人之道。跌宕起伏的叙述造成的一波三折效果，既能感受到文字中注入的作者情感，又能体会到文字之外的余韵。

四、寓论断于叙事

司马迁在叙述史事的时候，往往会熔铸自己的观点于历史叙述中，自觉或不自觉地表达出自己的看法，使评论和叙述有机结合为一个整体，起到画龙点睛的作用。在《五帝本纪》中，司马迁熔铸论点，寓论断于叙事的方式有两种。一种是叙事中直接抒发议论，做到叙议结合，还有一种是通过对史料的删选去取和叙事时的行文直接表达出某种爱恨褒贬之意，是对春秋笔法"一字寓褒贬"的扩大使用。

司马迁在《五帝本纪》中直接抒发议论的只有一处，即"天下明德皆自虞帝始"，此句是对虞舜德行的最高评价。司马迁叙完帝舜以至孝和家，举"八恺""八元"以用，去"四凶"而天下咸服，分任二十二人而众功皆兴，虞舜的明德形象渐趋明朗，呼之欲出，司马迁遂以"天下明德皆自虞帝始"作结，情到而意显，褒扬之意顺势而出，收束自然而不失厚重。评论之语与前文所选取古文材料上的叙述语言自然结合，成为《五帝本纪》不可分割的一部分。

另外，在《五帝本纪》中，司马迁广泛搜集各种资料，然后"整齐其世传"，给我们展现了一段由黄帝开创，颛顼、帝喾继承，尧、舜发扬光大的帝王事业的传承历程，而且以重笔描绘尧舜时期祥和的政治、社会气氛。整个《五帝本纪》呈现出的内容和风貌皆印证了司马迁作《五帝本纪》的宗旨，即："维昔黄帝，法天则地，四圣遵序，各成法度；唐尧逊位，虞舜不台；厥美帝功，万世载之。"①而"载厥美帝功"就是司马迁在记述《五帝本纪》时所传达出的褒扬态度。

而在行文时暗自寓含议论的方式，最能见司马迁寓论断于叙事的叙事笔力：

> 尧知子丹朱之不肖，不足授天下，于是乃权授舜。授舜，则天下得其利而丹朱病；授丹朱，则天下病而丹朱得其利。尧曰"终不以天下之病而利一人"，而卒授舜以天下。②

司马迁在为人物作传时常常会"想见其为人"，此段文字就是司马

---

① 〔汉〕司马迁：《史记·太史公自序》，中华书局，2011，第2859页。
② 〔汉〕司马迁：《史记·五帝本纪》，中华书局，2011，第28页。

迁在记叙尧禅让王位之事时，"以'想见'的方式进入到历史情境中，以心传心"①，揣测出的帝尧弃子不用、举贤而禅的心理活动，正如程余庆所言："一番衡量，何尝不近人情？"②这一番衡量，不是尧的衡量，而是司马迁的衡量，可以说司马迁借尧之口把对明君圣主的期望表达了出来，其中蕴含着司马迁的政治理想。将议论寓于叙事中，使史事叙述更加真切自然。

第三节　疏宕明快、简洁雅丽的叙事语言

《五帝本纪》的撰成是以《大戴礼记》和《尚书》为主要底本，其中又融入《孟子》《左传》等先秦儒家的相关史实记载，虽然叙述内容有所依据，但司马迁也在此基础上对相关文字进行了精心的删改与润色，以其敏捷开阔的文思和行云流水的文笔将多处材料巧妙融合，使不同时期不同类型的内容不着痕迹地融为一体，并在用词上呈现独特之处，"太史公作《五帝本纪》，其尧、舜纪全用二典成篇，中间略加点窜，便成太史公之文……乃知此老胸中自有一付炉韝，其点化之妙不可言也。"③司马迁将驳杂的内容连缀成一篇完整的《五帝本纪》，并以流畅纵横的文势灌注全篇，体现的

---

① 程世和：《司马迁精神人格论》，商务印书馆，2013，第43页。

② 〔清〕程余庆：《历代名家评注史记集说》，三秦出版社，2011，第19页。

③ 〔明〕何良俊：《四友斋丛说·史一》，上海古籍出版社，2002年影印本，第549页。

不仅是其选取材料连缀成篇的材料组织能力，更显示司马迁融文笔与史笔为一体，于叙事中不动声色地穿插议论与抒情的语言表达能力。

清人李邺嗣曾评述司马迁作《黄帝纪》"简而雅，质而不俚"，认为"其叙黄帝修政，一曰师兵，二曰疆理，三曰设官，四曰定历；复举其要曰治五气，艺五种，曰劳勤心力耳目，节用财物，俱治天下之大本大经为万世法，而鬼神山川封祥与焉，则仅一言及之，不复道。至后书黄帝崩，葬桥山，而世所传鼎湖上仙及诸荒怪不经，尽可不办而见矣"①。吴见思在《史记论文》中对《五帝本纪》的语言艺术有这样的评价："乃开卷第一篇，纯用庄重整练，隐其神奇。故排句学《国语》，而秀句用子书。《尧》《舜》二纪，又采《尚书》笔墨，觉另是一种笔墨。盖因作五帝之纪，遂成五帝之文，亦有纯气守中也。"②李景星在《史记评议》中也有类似评价："排句，学周语。秀句，参诸子。古句、奥句，傲经书。所举五帝大事，如天地山川、礼乐制度、设官分职、修德布政，有演为数百言者，有演为数言者。节节照应，处处关通。而实则高古典丽，一丝不苟。"③吴见思与李景星对《五帝本纪》的语言风格从整体进行宏观关照，指出《五帝本纪》不仅融合了古书的相关内容，更是融合了古籍的文气与文笔，从而形成了独具魅力的语言风格。而牛运震在《空山堂史记评注》中则是对司马迁所删改的语言进行细

---

① 〔清〕李邺嗣：《杲堂诗文集》，浙江古籍出版社，2013，第486页。

② 〔清〕吴见思：《史记论文》，上海古籍出版社，2008，第11页。

③ 李景星：《史记评议》，上海古籍出版社，2008，第79页。

致分析，落实到了用字、造句等字法句法的评价上，以展现《史记》语言精妙之所在，突显司马迁对语言的高超驾驭能力。具体而言，《五帝本纪》的语言特色主要体现在以下几个方面：

首先是用词精确雅正，简洁通俗。司马迁作《五帝本纪》以"雅驯"为行文准则，"择其言尤雅者"既包括对内容真实性的要求，也以文辞高雅为标准，内容不荒诞、言辞不轻浮即为"雅"的含义所在。所以司马迁在叙写时大胆删去一些明显荒诞不经的内容，如"乘龙而至四海"，"春夏乘龙，秋冬乘马"，"生而民得其利百年，死而民畏其神百年，亡而民用其教百年"等。另一方面，《史记》摘引前代史料的文字时，意思上虽然保持原文特色，语言上则多加润饰，或是用更加精确有深意的词语替换原文以葆有"雅正"之色，或是将原本古奥难懂的语言文字变得浅显通俗，通俗是为了让文字易懂且符合词语的历史发展，并不与雅正抵牾。司马迁删润文字的方式为：或依本文而作注释，如改《尚书》"克"为"能"，"畴"为"谁"，"鸠"为"聚"等；或翻新旧文且更进一意，如改"惟刑之恤哉"为"惟刑之静哉"，"静"字更显刑罚静穆之所在，且含有天清地宁的气象。"大约奥者明之，古者新之，謷者谐之，噩者易之"①，司马迁通过多种方式删改文字，使《五帝本纪》既忠实于有权威性的史料，又保持了精确雅正、简洁通俗的特点。

其次是句法散而有韵，排宕有变。《史记》行文多用散体，但

---

① 〔清〕牛运震：《空山堂史记评注校释》，崔凡芝校释，中华书局，2012，第5页。

是有时候也会呈现出一唱三叹的韵文气势，尤其在《五帝本纪》中，司马迁吸收韵文的特点，多用排句而以虚字连缀，做到韵散结合，顿挫句贯，连断得宜。叙黄帝时，先以五句四字排句突起，"生而神灵，弱而能言，幼而徇齐，长而敦敏，成而聪明"，以时间为序顺承黄帝成长历程，然后屡用"而""于是""然后"等虚字序写黄帝征伐之事与治民之事，中间间或穿插三字（治五气，艺五种，抚万民，度四方）、四字（天地之纪，幽明之占，死生之说，存亡之难）、六字（时播百谷草木，淳化鸟兽虫蛾，旁罗日月星辰，水波土石金玉，劳勤心力耳目，节用水火材物）等不同形式的排句，变幻多姿，笔力奇纵。《颛顼纪》《帝喾纪》之文更是以排句铺陈而句法屡变，既跌宕生姿又富于变化。《五帝本纪》中运用最多的是四字排句，四字结构本就音节整齐、音韵铿锵，既便于诵读，也能增强语言的韵律美。以四字排句为主，又与三字、五字、六字排句交错，读起来有韵律而又不单调。整篇《五帝本纪》又以散笔叙事为主，融入各种排句便形成散而有韵、排宕有变的语言风格。

最后是叙述不避繁复，不隐真情。牛运震在《空山堂史记评注》中说道："他史之妙，妙在能简，史记之妙，妙在能复。盖他史只是书事，而《史记》兼能写情。情与事并，故极往复缠绵长言不厌之致，不知者以为冗繁，则非也。一部《史记》佳处正在此。"①《史记》中的"复"有两种，一种是词语上的重复，一种是语意上

---

① 〔清〕牛运震：《空山堂史记评注校释》，崔凡芝校释，中华书局，2012，第7页。

的重复。洪迈在《容斋随笔》中总结《史记》词语上的重复为重沓熟复之法，认为其可以造成"如骏马下驻千丈坡"的滔滔文势。而司马迁在《五帝本纪》中，通过语意的重复，再三颂扬舜的孝德，则造成一种疏宕顿挫之致。司马迁三次提到舜的父亲、后母与兄弟性格顽劣，先说："舜父瞽叟盲，而舜母死，瞽叟更娶妻而生象，象傲。"①再言："舜父瞽叟顽，母嚚，弟象傲，皆欲杀舜。"②然后举例详述舜父纵火、填井、分取财物等加害于舜的事情。与之对应的舜的表现则被描述为："常欲杀舜，舜避逃；及有小过，则受罪"，"欲杀，不可得；即求，尝在侧"③，以及机智应变逃脱陷害的活动。其中还穿插"舜耕历山，渔雷泽，陶河滨，作什器于寿丘，就时于负夏"的行为和取得的成就："舜耕历山，历山之人皆让畔；渔雷泽，雷泽上人皆让居；陶河滨，河滨器皆不苦窳。一年而所居成聚，二年成邑，三年成都。"④此段叙述看似一事三序，烦琐杂乱，实则繁简分明，顿宕有致。司马迁用先略后详的史法，重复提到舜所处的极恶劣的家庭环境，将舜所处的危险氛围渲染到极致，然后借此把舜的"智孝"之德阐扬到极点，正如牛运震所言："情与事并，故极往复缠绵长言不厌之致。"⑤也正是由于司马迁感动于舜的聪明才智和伟大孝德，寓情于中，故而反复阐说，缠绵蕴藉。

---

① 〔汉〕司马迁：《史记·五帝本纪》，中华书局，2011，第30页。
② 〔汉〕司马迁：《史记·五帝本纪》，中华书局，2011，第30页。
③ 〔汉〕司马迁：《史记·五帝本纪》，中华书局，2011，第30页。
④ 〔汉〕司马迁：《史记·五帝本纪》，中华书局，2011，第30页。
⑤ 〔清〕牛运震：《空山堂史记评注校释》，崔凡芝校释，中华书局，2012，第7页。

此外,《五帝本纪赞》作为《五帝本纪》文本不可分割的一部分,既叙史公作史之旨,对理解《五帝本纪》乃至整本《史记》有指导作用,又突出体现了太史公司马迁奇绝的语言艺术,历来被人们视作古文的经典:李晚芳论其"文凡九节,节节连贯;字仅两百,字字精严"①,钟惺论其"不作一了语,其一段传疑,不敢自信之意,往往于运笔虚活承转处见之,字字是若存若亡光景,使人读未终而先得之"②,徐与乔论其"空中盘礴,馔实为虚,汇萃群言,纬以夹笔,雄深雅健,堪冠全集,而赞语尤推绝调"③,高嵣论其"行文转折顿宕,极开合擒纵之势,尤推绝调"④,过珙论其"顿处、接处、起处、伏处、转处、曲处、折处,终不作不了语,最虚活,最古劲"⑤,余诚论其"转折之多,承接之妙,音节之古,结构之精,有难以悉举者。要在善读之士一一静会之"⑥……诸多文论家都不吝赞美之词。司马迁以"太史公"自称,既含有保留史官尊贵地位的用意,也体现出史家的独立意识,可谓"创例发凡"。他用两百字写出多层意思,意多而文简之妙与顺承而有转折

①　〔清〕李晚芳:《李菉猗女史全书·读史管见》,齐鲁书社,2014,第11页。

②　〔明〕钟惺:《史怀》,中华书局,1985,第6页。

③　杨燕起、陈可青、赖长扬:《历代名家评史记》,华文出版社,2005,第273页。

④　转引自〔明〕茅坤《史记钞》,中华书局,2017,第12页。

⑤　〔清〕过珙、〔清〕黄越评选《古文评注全集》,张廷华,沈镕评注,大东书局,民国25年版。

⑥　〔清〕余诚编《古文释义》,吕莺校注,北京古籍出版社,1998,第367页。

之妙相融，吞吐离合，义深神远，自然超妙，为诸赞之冠，堪称
"千古绝笔"！

牛运震之论"《五帝本纪》最难着笔，盖奇诡则涉语怪之书，
枯简则非记事之趣，故不易作也"①，可谓道出了《五帝本纪》之
奇绝所在。《五帝本纪》难作，而司马迁能够以完整的结构，多变
的笔法和精妙的语言结撰全篇，足以显示其高超的叙事能力。

---

① 〔清〕牛运震：《空山堂史记评注校释》，崔凡芝校释，中华书局，2012，
第 11 页。

结　语

被誉为"史家之绝唱，无韵之离骚"的《史记》，既是体大思精的纪传体史学典范，也是才情横溢的叙事性文学华章。一直以史官身份自居且引以为傲①的司马迁，出于史家不可推卸的责任感，在对历史发展规律有理性认识的前提下，以敬畏负责的诚心、阙疑慎言的态度、求真实录的原则，在《史记》的开篇《五帝本纪》中首叙黄帝、颛顼、帝喾、尧、舜五位帝王"万世载之"的"厥美帝功"，既为纪传体史学的创作立则发凡，也使人物传记的艺术成就在开篇就达到了高峰。《五帝本纪》"既是对三千年历史的总结，又是对人类理想的期许，它所包含的历史性、当下性、未来性对西汉文化的建构发生了深刻的影响"②，可谓"范围千古，牢笼百家者，惟创例发凡，卓见绝识"③。

---

①　《史记·太史公自序》："司马氏世典周史。""余先周室之太史也。自上世尝显功名于虞夏，典天官事。后世中衰，绝于予乎？汝复为太史，则续吾祖矣。""且余尝掌其官，废明圣盛德不载，灭功臣世家贤大夫之业不述，堕先人所言，罪莫大焉。""于戏！余维先人尝斯事，显于唐虞，至于周，复典之，故司马氏世主天官。至于余乎，钦念哉！钦念哉！"

②　张新科、王晓玲：《〈史记·五帝本纪〉与西汉文化的建构》，《求是学刊》2011年第4期。

③　〔清〕章学诚：《文史通义》，中华书局，1985，第464页。

司马迁在《五帝本纪》的叙事中，以其博学、明断、烛照之识力积极践行了"究天人之际，通古今之变，成一家之言"的著史理想，展现了统驭上下古今千年历史的眼光与能力。首先，司马迁思接千载，笔补造化，从茫昧迷离的远古史料中撇开混沌的传说，寻觅出黄帝这样一个文治武功兼具的英雄人物，作为中国历史的开端，作为中华民族初显人文光辉的开端，确立了中华民族赖以生存和发展的"天下"之广大地缘和"华夏"之深厚血缘传承，从而建立起清晰的历史发展系统。黄帝作为《史记》叙事"元始"，是司马迁精心设计的叙事谋略，它"不仅是带整体性和超越性的叙事时间的开始，而且是时间的整体性和超越性所带来的文化意蕴的本原"①。简短的黄帝叙事与天地精神和历史运行法相沟通、相协调，包举大端，法天则地，"原始察终，见胜观衰"，"以时间整体观为精神起点，进行宏观的大跨度的时空操作，从天地变化和历史盛衰的漫长行程中寄寓着包举大端的宇宙哲学和历史哲学"②，展现出宏观时空或者超时空的精神自由状态，这是司马迁对"究天人之际"的有力实践。其次，处在秦汉专制的政治现实中，司马迁通过对五位帝王事迹功业前后相承的叙写，记叙了远古中国由创业之君到守成之君的发展态势，以及五位帝王在各自统治时期的进步情状，载述了令人尊崇的理想帝王典范。从开国守疆、奋力进取的黄帝开创期，到守成保业、发扬光大的颛顼帝喾发展期，再到选贤举能、天下为公的尧舜鼎盛期，远古中国向着更美好的方向发展，中

① 董乃斌：《中国文学叙事传统论稿》，东方出版中心，2017，第130页。
② 董乃斌：《中国文学叙事传统论稿》，东方出版中心，2017，第130页。

国数千年历史中国家治平的根本原则和"天下为公"的伟大精华得以坚实确立，这也是司马迁政治理想的体现。体现了"通古今之变"的历史发展观念。最后，司马迁在对各类材料融会贯通的基础上，"厥协六经异传，整齐百家杂语"，重新整合编排五帝世系与事迹，并删改文字、翻新词汇、点窜修润，叙述成语言庄重典雅而不失简练、叙事详略得当而不失变化、缀合毫无痕迹而不失照应的独一无二的《五帝本纪》，形成高古典质、一丝不苟、自成一家的"史家之言"。这既显示了司马迁首次记录五帝于正史之中的独特而进步的历史眼光，也展现了司马迁对语言文字的高超驾驭能力。化百家杂语为一己之文，融群言众事于一篇之中，再加上精美绝伦的布局谋篇，丰富多彩的叙事笔法，刚柔并济、虚实相生的叙事风格，司马迁寓诗情于史笔中，使《五帝本纪》的叙事成就在中国历史叙事中独树一帜。

在《五帝本纪》中，司马迁动态展现了远古五帝开创中华文明的壮阔历史，建立起关于天人关系与古今关系的宇宙论哲学体系，力图展现自然与社会的和谐以及朝代的兴亡更替。五帝身上体现出的自强不息的强大生命力，成为中华民族开拓进取永恒不竭的精神动力；五帝"迁四凶以变四夷"的文化整合推动华夏族群的民族融合，成为促进华夷共荣共生的重要举措；五帝功业、德行相续的世系传承和文明相继的历史发展趋势展现了血缘宗族的强大凝聚力，成为中国历史与文化渊源承续的不竭源泉。司马迁在血缘世系、空间地缘、民族渊源、道统承绪等方面构筑起以崇德尚治与天下一统的精神观念为信仰支柱的中华民族共同体意识，寻觅出中华民族奋起有为、刚健自强、昂扬向上的人文品格和民族根性，成为后世中华儿女追寻民族起源和找寻身份认同的精神根源。探究《五帝本纪》的文化价值，传承和弘扬中华文明，对促进中华民族的伟大复兴有重要意义。

附录一　《五帝本纪》材料汇辑

一、五帝世系

《山海经》

又西二百里，曰长留之山，其神白帝<u>少昊</u>居之。……是神也，主司反景。东海之外有大壑，<u>少昊</u>之国。<u>少昊</u>孺帝<u>颛顼</u>于此，弃其琴瑟。(《西山经》)

有鸟焉，其状如乌，文首、白喙、赤足，名曰精卫，其鸣自詨。是<u>炎帝</u>之少女名曰女娃，女娃游于东海，溺而不返，故为精。(《北山经》)

<u>轩辕</u>之国……人面蛇身，尾交首上。(《海外西经》)

有木，青叶紫茎，玄华黄实，名曰建木，百仞无枝，有九摆，下有九枸，其实如麻，其叶如芒，<u>大皞</u>爰过，<u>黄帝</u>所为。(《海内南经》)

东海之渚中，有神，人面鸟身，珥两黄蛇，践两黄蛇，名曰禺䝞。<u>黄帝</u>生禺䝞，禺䝞生禺京。禺京处北海，禺䝞处东海，是惟海

神。(《大荒东经》)

赤水之东，有苍梧之野，舜与叔均之所葬也。

有季禺之国，颛顼之子，食黍。

有人食兽，曰季厘。帝俊生季厘，故曰季厘之国。

有缗渊。少昊生倍伐降处缗渊。

有载民之国。帝舜生无淫，降载处，是谓巫载民。

帝尧、帝喾、帝舜葬于岳山。

羲和者，帝俊之妻，生十日。(《大荒南经》)

有西周之国，姬姓，食谷。有人方耕，名曰叔均。帝俊生后
稷，稷降以谷。稷之弟曰台玺，生叔均。

黄帝之孙曰始均，始均生北狄。

有榣山，其上有人，号曰太子长琴。颛顼生老童，老童生祝
融，祝融生太子长琴，是处榣山，始作乐风。

有轩辕之台，射者不敢西向射，畏轩辕之台。

颛顼生老童，老童生重及黎，帝令重献上天，令黎邛下地。

帝俊妻常羲，生月十有二，此始浴之。

炎帝之孙名曰灵恝，灵恝生互人，是能上下于天。(《大荒西
经》)

大荒之终有山，名曰融父山。顺水入焉。有人，名曰犬戎。黄
帝生苗龙，苗龙生融吾，融吾生弄明，弄明生白犬，白犬有牝牡，
是为犬戎。肉食，有赤兽，马状，无首，名曰戎宣王尸。

蚩尤作兵伐黄帝，黄帝乃令应龙攻之冀州之野。应龙蓄水。蚩
尤请风伯、雨师纵大风雨。黄帝乃下天女曰魃。雨止，遂杀蚩尤。

（《大荒北经》）

黄帝妻雷祖，生昌意，昌意降处若水，生韩流，韩流擢首谨耳，人面豕喙，麟身渠股，豚止。

大皞生咸鸟，咸鸟生乘釐，乘釐生后照，后照是始为巴人。

炎帝之孙伯陵，伯陵同吴权之妻阿女缘妇，缘妇孕三年，是生鼓、延、殳。（《海内经》）

《周易·系辞下》

古者包牺氏之王天下也，仰则观象于天，俯则观法于地。……作结绳而为罔罟，以佃以渔，盖取诸离。包牺氏没，神农氏作，斫木为耜，揉木为耒，耒耨之利，以教天下，盖取诸益……神农氏没，黄帝、尧、舜氏作，通其变，使民不倦……黄帝、尧、舜垂衣裳而天下治，盖取诸乾、坤。刳木为舟，剡木为楫。舟楫之利，以济不通，致远以利天下，盖取诸涣。服牛乘马，引重致远，以利天下，盖取诸随。重门击柝，以待暴客，盖取诸豫。断木为杵，掘地为臼，臼杵之利，万民以济，盖取诸小过。弦木为弧，剡木为矢，弧矢之利，以威天下，盖取诸睽。

《国语》

昔少典娶于有蟜氏，生黄帝、炎帝。黄帝以姬水成，炎帝以姜水成。成而异德，故黄帝为姬，炎帝为姜。（《晋语》）

司空季子曰："同姓为兄弟。黄帝之子二十五人，其同姓者二人而已：唯青阳与夷鼓皆为己姓。青阳，方雷氏之甥也。夷鼓，彤鱼氏之甥也。其同生而异姓者，四母之子别为十二姓。凡黄帝之子，二十五宗，其得姓者十四人为十二姓。姬、酉、祁、己、滕、箴、任、荀、僖、姞、儇、依是也。唯青阳与苍林氏同于黄帝，故皆为姬姓。同德之难也如是。昔少典娶于有蟜氏，生黄帝、炎帝。黄帝以姬水成，炎帝以姜水成。成而异德，故黄帝为姬，炎帝为姜，二帝用师以相济也，异德之故也。异姓则异德，异德则异类。异类虽近，男女相及，以生民也。同姓则同德，同德则同心，同心则同志。同志虽远，男女不相及，畏黩敬也。黩则生怨，怨乱毓灾，灾毓灭姓。是故娶妻避其同姓，畏乱灾也。故异德合姓，同德合义。义以导利，利以阜姓。姓利相更，成而不迁，乃能摄固，保其土房。今子于子圉，道路之人也，取其所弃，以济大事，不亦可乎？"（《晋语》）

夫圣王之制祀也，法施于民则祀之，以死勤事则祀之，以劳定国则祀之，能御大灾则祀之，能扞大患则祀之。非是族也，不在祀典。昔烈山氏之有天下也，其子曰柱，能殖百谷百蔬；夏之兴也，周弃继之，故祀以为稷。共工氏之伯九有也，其子曰后土，能平九土，故祀以为社。黄帝能成命百物，以明民共财，颛顼能修之。帝喾能序三辰以固民，尧能单均刑法以仪民，舜勤民事而野死，鲧鄣洪水而殛死，禹能以德修鲧之功，契为司徒而民辑，冥勤其官而水死，汤以宽治民而除其邪，稷勤百谷而山死，文王以文昭，武王去民之秽。故有虞氏禘黄帝而祖颛顼，郊尧而宗舜；夏后氏禘黄帝而祖颛顼，郊鲧而宗禹；商人禘舜而祖契，郊冥而宗汤；周人禘喾而郊稷，祖文王而宗武王，幕，能帅颛顼者也，有虞氏报焉；杼，能帅禹者也，夏后氏报焉，上甲微，能帅契者也，商人报焉；高圉、大王，能帅稷者也，周人报焉。凡禘、郊、祖、宗、报，此五者国之典祀也。(《鲁语》)

《孔子家语》

季康子问于孔子曰："旧闻五帝之名，而不知其实，请问何谓五帝？"孔子曰："昔丘也闻诸老聃曰：'天有五行木火金水土，分时化育，以成万物。其神谓之五帝。'古之王者，易代而改号，取法五行，五行更王。"终始相生，亦象其义。故其为明王者，而死配五行。是以太皞配木，炎帝配火，黄帝配土，少皞配金，颛顼配水。(《五帝》)

郯子朝鲁，鲁人问曰："少昊氏以鸟名官，何也？"对曰："吾祖也，我知之。昔黄帝以云纪官，故为云师而云名。炎帝以火，共工以水，大昊以龙，其义一也。我高祖少昊挚之立也，凤鸟适至，是以纪之于鸟，故为鸟师而鸟名。自颛顼氏以来，不能纪远，乃纪于近，为民师而命以民事，则不能故也。"(《辩物》)

《礼记·月令》

孟春之月，日在营室，昏参中，旦尾中。其日甲乙。其帝大皞，其神句芒。其虫鳞。其音角，律中大蔟。其数八。其味酸，其臭膻。其祀户，祭先脾。

孟夏之月，日在毕，昏翼翼中，旦婺女中。其日丙丁。其帝炎帝，其神祝融。其虫羽。其音征，律中中吕。其数七。其味苦，其臭焦。其祀灶，祭先肺。

中央土。其日戊己。其帝黄帝，其神后土。其虫倮。其音宫，律中黄钟之宫。其数五。其味甘，其臭香。其祠中溜，祭先心。

孟秋之月，日在翼，昏建星中，旦毕中。其日庚辛。其帝少皞，其神蓐收。其虫毛。其音商，律中夷则。其数九。其味辛，其臭腥。其祀门，祭先肝。

孟冬之月，日在尾，昏危中，旦七星中。其日壬癸。其帝颛顼，其神玄冥。其虫介。其音羽，律中应钟。其数六。其味咸，其臭朽。其祀行，祭先肾。

《吕氏春秋·十二纪》

孟春之月，日在营室，昏参中，旦尾中。其日甲乙，其帝太皞，其神句芒，其虫鳞，其音角，律中太蔟。其数八，其味酸，其臭膻，其祀户，祭先脾。

孟夏之月，日在毕，昏翼中，旦婺女中。其日丙丁，其帝炎帝，其神祝融，其虫羽，其音徵，律中仲吕。其数七，其性礼，其事视，其味苦，其臭焦，其祀灶，祭先肺。

中央土，其日戊己，其帝黄帝，其神后土，其虫倮，其音宫，律中黄钟之宫。其数五，其味甘，其臭香，其祀中霤，祭先心。

孟秋之月，日在翼，昏斗中，旦毕中。其日庚辛，其帝少皞，其神蓐收，其虫毛，其音商，律中夷则。其数九，其味辛，其臭腥，其祀门，祭先肝。

孟冬之月，日在尾，昏危中，旦七星中。其日壬癸，其帝颛顼，其神玄冥，其虫介，其音羽，律中应钟。其数六，其味咸，其臭朽，其祀行，祭先肾。

《吕氏春秋·古乐》

昔黄帝令伶伦作为律。伶伦自大夏之西，乃之阮隃之阴，取竹于嶰谿之谷，以生空窍厚钧者、断两节间、其长三寸九分而吹之，以为黄钟之宫，吹曰《舍少》。次制十二筒，以之阮隃之下，听凤皇之鸣，以别十二律。其雄鸣为六，雌鸣亦六，以比黄钟之宫，适合。黄钟之宫，皆可以生之，故曰黄钟之宫，律吕之本。黄帝又命伶伦与荣将铸十二钟，以和五音，以施英韶，以仲春之月，乙卯之日，日在奎，始奏之，命之曰《咸池》。

帝颛顼生自若水，实处空桑，乃登为帝。惟天之合，正风乃行，其音若熙熙凄凄锵锵。帝颛顼好其音，乃令飞龙作，效八风之音，命之曰《承云》，以祭上帝。乃令（鱼单）先为乐倡，（鱼单）乃偃寝，以其尾鼓其腹，其音英英。

帝喾命咸黑作为声，歌《九招》、《六列》、《六英》。有倕作为鼙、鼓、钟、磬、吹苓、管、埙、篪、鼗、椎、钟。帝喾乃令人抃，或鼓鼗，击钟磬，吹苓，展管箎。因令凤鸟、天翟舞之。帝喾大喜，乃以康帝德。

帝尧立，乃命质为乐。质乃效山林谿谷之音以歌，乃以麋（革各）冒缶而鼓之，乃拊石击石，以象上帝玉磬之音，以致舞百兽。瞽叟乃拌五弦之瑟，作以为十五弦之瑟。命之曰《大章》，以祭上帝。

舜立，命延，乃拌瞽叟之所为瑟，益之八弦，以为二十三弦之瑟。帝舜乃令质修《九招》、《六列》、《六英》，以明帝德。

《淮南子·天文训》

东方木也，其帝太皞，其佐句芒，执规而治春，其神为岁星，其兽苍龙，其音角，其日甲乙。

南方火也，其帝炎帝，其佐朱明，执衡而治夏，其神为荧惑，其兽朱鸟，其音徵，其日丙丁。

中央土也，其帝黄帝，其佐后土，执绳而制四方，其神为镇星，其兽黄龙，其音宫，其日戊己。

西方金也，其帝少昊，其佐蓐收，执矩而治秋，其神为太白，其兽白虎，其音商，其日庚辛。

北方水也，其帝颛顼，其佐玄冥，执权而治冬，其神为辰星，其兽玄武，其音羽，其日壬癸。

《战国策·赵策》

王曰："古今不同俗，何古之法？帝王不相袭，何礼之循？宓戏、神农教而不诛，黄帝、尧、舜诛而不怒。及至三王，观时而制法，因事而制礼，法度制令，各顺其宜，衣服器械，各便其用。故礼世不必一其道，便国不必法古；圣人之兴也，不相袭而王。夏殷之衰也，不易礼而灭。然则反古未可非，而循礼未足多也。且服奇而志淫，是邹、鲁无奇行也；俗辟而民易，是吴、越无俊民也。是以圣人利身之谓服，便事之谓教，进退之谓节，衣服之制，所以齐常民，非所以论贤者也。故圣与俗流，贤与变俱。谚曰：'以书为御者，不尽于马之情。以古制今者，不达于事之变。'故循法之功，不足以高世；法古之学，不足以制今。子其勿反也。"

《春秋左氏传·昭公十七年》

昔者黄帝氏以云纪，故为云师而云名；炎帝氏以火纪，故为火师而火名；共工氏以水纪，故为水师而水名；大皞氏以龙纪，故为龙师而龙名。我高祖少皞挚之立也，凤鸟适至，故纪于鸟，为鸟师而鸟名。

《世本·帝王世本》

黄帝娶于西陵之女，谓之嫘祖，产青阳及昌意。

颛顼是黄帝之孙。黄帝生昌意，昌意生颛顼。昌意生高阳，是为帝颛顼。颛者专也，顼者正也，言能专正天之道也。颛顼母浊山氏之子，名昌仆。颛顼娶于滕坟氏之子，谓女禄，是生老童。颛顼生偁，偁生卷章，卷章生黎。

喾，黄帝之曾孙。（帝喾）次妃陈锋氏之女，曰庆都，生帝尧。

尧是黄帝曾孙。黄帝生玄嚣，玄嚣生侨极，侨极生帝喾，帝喾生尧。帝尧为陶唐氏。帝尧娶散宜氏之子，谓之女皇，女皇生丹朱。

颛顼产穷蝉，穷蝉产敬康，敬康产句芒，句芒产蟜牛，蟜牛产瞽叟，瞽叟产重华，是为帝舜。

舜是黄帝八代之孙。舜为高阳五世孙。颛顼生穷系。帝舜有虞氏。

帝舜，姚姓。舜姓姚氏。妫氏帝舜之后，舜生妫汭，子孙氏焉。

《大戴礼记·帝系姓》

少典产轩辕，是为黄帝。

黄帝产昌意，昌意产高阳，是为帝颛顼。黄帝居轩辕之邱，娶于西陵氏之子，谓之嫘祖，氏产青阳及昌意。青阳降居泜水，昌意降居若水。昌意娶于蜀山氏，蜀山氏之子谓之昌濮，氏产颛顼。

黄帝产元嚣，元嚣产蟜极，蟜极产高辛，是为帝喾。

帝喾产放勋，是为帝尧。

颛顼产穷蝉，穷蝉产敬康，敬康产句芒，句芒产蟜牛，蟜牛产瞽叟，瞽叟产重华，是为帝舜，及产象，敖。

二、百家之言

《孟子》

当尧之时，天下犹未平，洪水横流，泛滥于天下，草木畅茂，禽兽繁殖，五谷不登，禽兽逼人，兽蹄鸟迹之道交于中国。尧独忧之，举舜而敷治焉。舜使益掌火，益烈山泽而焚之，禽兽逃匿。禹疏九河，瀹济、漯而注诸海，决汝、汉，排淮、泗而注之江，然后中国可得而食也。当是时也，禹八年于外，三过其门而不入，虽欲耕，得乎？（《滕文公上》）

后稷教民稼穑，树艺五谷。五谷熟而民人育。人之有道也，饱食、暖衣、逸居而无教，则近于禽兽。圣人有忧之，使契为司徒，教以人伦：父子有亲，君臣有义，夫妇有别，长幼有叙，朋友有信。放勋曰："劳之来之，匡之直之，辅之翼之，使自得之，又从而振德之。"圣人之忧民如此，而暇耕乎？（《滕文公上》）

尧以不得舜为己忧，舜以不得禹、皋陶为己忧。夫以百亩之不易为己忧者，农夫也。分人以财谓之惠，教人以善谓之忠，为天下得人者谓之仁。是故以天下与人易，为天下得人难。孔子曰："大哉尧之为君！惟天为大，惟尧则之，荡荡乎民无能名焉！君哉舜也！巍巍乎有天下而不与焉！"尧、舜之治天下，岂无所用其心

哉？亦不用于耕耳。(《滕文公上》)

当尧之时，水逆行，泛滥于中国，蛇龙居之，民无所定。下者为巢，上者为营窟。《书》曰："洚水警余。"洚水者，洪水也。使禹治之。禹掘地而注之海，驱蛇龙而放之菹。水由地中行，江、淮、河、汉是也。险阻既远，鸟兽之害人者消，然后人得平土而居之。(《滕文公下》)

规矩，方圆之至也；圣人，人伦之至也。欲为君，尽君道；欲为臣，尽臣道。二者皆法尧、舜而已矣。不以舜之所以事尧事君，不敬其君者也；不以尧之所以治民治民，贼其民者也。(《离娄上》)

万章问曰："舜往于田，号泣于旻天，何为其号泣也？"孟子曰："怨慕也。"万章曰："'父母爱之，喜而不忘。父母恶之，劳而不怨。'然则舜怨乎？"曰："长息问于公明高曰：'舜往于田，则吾既得闻命矣。号泣于旻天，于父母，则吾不知也。'公明高曰：'是非尔所知也。'夫公明高以孝子之心为不若是恝。我竭力耕田，共为子职而已矣。父母之不我爱，于我何哉？帝使其子九男二女，百官牛羊仓廪备，以事舜于畎亩之中，天下之士多就之者，帝将胥天下而迁之焉。为不顺于父母，如穷人无所归。天下之士悦之，人之所欲也，而不足以解忧；好色，人之所欲，妻帝之二女，而不足以解忧；富，人之所欲，富有天下，而不足以解忧；贵，人之所欲，贵为天子，而不足以解忧。人悦之、好色、富贵，无足以解忧者，惟顺于父母可以解忧。人少则慕父母，知好色则慕少艾，有妻子则慕妻子，仕则慕君，不得于君则热中。大孝终身慕父母。五十

而慕者，予于大舜见之矣。"（《万章上》）

万章问曰："《诗》云：'娶妻如之何？必告父母。'信斯言也，宜莫如舜。舜之不告而娶，何也？"孟子曰："告则不得娶。男女居室，人之大伦也。如告，则废人之大伦，以怼父母，是以不告也。"万章曰："舜之不告而娶，则吾既得闻命矣。帝之妻舜而不告，何也？"曰："帝亦知告焉则不得妻也。"万章曰："父母使舜完廪，捐阶，瞽瞍焚廪。使浚井，出，从而揜之。象曰：'谟盖都君咸我绩，牛羊，父母；仓廪，父母。干戈，朕；琴，朕；弤，朕；二嫂，使治朕栖。'象往入舜宫，舜在床琴。象曰：'郁陶思君尔。'忸怩。舜曰：'惟兹臣庶，汝其于予治。'不识舜不知象之将杀己与？"曰："奚而不知也？象忧亦忧，象喜亦喜。"曰："然则舜伪喜者与？"曰："否。昔者有馈生鱼于郑子产，子产使校人畜之池。校人烹之，反命曰：'始舍之，圉圉焉；少则洋洋焉；攸然而逝。'子产曰：'得其所哉！得其所哉！'校人出，曰：'孰谓子产智？予既烹而食之，曰，得其所哉，得其所哉。'故君子可欺以其方，难罔以非其道。彼以爱兄之道来，故诚信而喜之，奚伪焉？"（《万章上》）

万章问曰："象日以杀舜为事。立为天子则放之，何也？"孟子曰："封之也，或曰放焉。"万章曰："舜流共工于幽州，放驩兜于崇山，杀三苗于三危，殛鲧于羽山，四罪而天下咸服，诛不仁也。象至不仁，封之有庳。有庳之人奚罪焉？仁人固如是乎？在他人则诛之，在弟则封之？"曰："仁人之于弟也，不藏怒焉，不宿怨焉，亲爱之而已矣。亲之，欲其贵也；爱之，欲其富也。封之有庳，富贵之也。身为天子，弟为匹夫，可谓亲爱之乎？""敢问或曰放者，何谓也？"曰："象不得有为于其国，天子使吏治其国而纳其贡税焉，故谓之放。岂得暴彼民哉？虽然，欲常常而见之，故源源而来，'不及贡，以政接于有庳'。此之谓也。"(《万章上》)

万章曰："尧以天下与舜，有诸？"孟子曰："否。天子不能以天下与人。""然则舜有天下也，孰与之？"曰："天与之。""天与之者，谆谆然命之乎？"曰："否。天不言，以行与事示之而已矣。"曰："以行与事示之者，如之何？"曰："天子能荐人于天，不能使天与之天下。诸侯能荐人于天子，不能使天子与之诸侯。大夫能荐人于诸侯，不能使诸侯与之大夫。昔者，尧荐舜于天而天受之，暴之于民而民受之。故曰：天不言，以行与事示之而已矣。""曰：敢问荐之于天而天受之，暴之于民而民受之，如何？"曰："使之主祭，而百神享之，是天受之；使之主事而事治，百姓安之，是民受之也。天与之，人与之，故曰天子不能以天下与人。舜相尧二十有八载，非人之所能为也，天也。尧崩，三年之丧毕，舜避尧之子于南河之南，天下诸侯朝觐者，不之尧之子而之舜；讼狱者，不之尧之子而之舜；讴歌者，不讴歌尧之子而讴歌舜，故曰天也。夫然后之中国，践天子位焉。而居尧之宫，逼尧之子，是篡也，非天与也。《太誓》曰：'天视自我民视，天听自我民听。'此之谓也。"(《万章上》)

万章问曰："人有言'至于禹而德衰，不传于贤而传于子'，有诸？"孟子曰："否，不然也。天与贤，则与贤；天与子，则与子。昔者，舜荐禹于天，十有七年，舜崩。三年之丧毕，禹避舜之子于阳城，天下之民从之，若尧崩之后不从尧之子而从舜也。禹荐益于天，七年，禹崩。三年之丧毕，益避禹之子于箕山之阴。朝觐讼狱者不之益而之启，曰：'吾君之子也。' 讴歌者不讴歌益而讴歌启，曰：'吾君之子也。' 丹朱之不肖，舜之子亦不肖。舜之相尧、禹之相舜也，历年多，施泽于民久。启贤，能敬承继禹之道。益之相禹也，历年少，施泽于民未久。舜、禹、益相去久远，其子之贤不肖，皆天也，非人之所能为也。莫之为而为者，天也；莫之致而至者，命也。匹夫而有天下者，德必若舜、禹，而又有天子荐之者，故仲尼不有天下。继世以有天下，天之所废，必若桀、纣者也，故益、伊尹、周公不有天下。伊尹相汤以王于天下，汤崩，太丁未立，外丙二年，仲壬四年。太甲颠覆汤之典刑，伊尹放之于桐三年。太甲悔过，自怨自艾，于桐处仁迁义三年，以听伊尹之训己也，复归于亳。周公之不有天下，犹益之于夏、伊尹之于殷也。孔子曰：'唐虞禅，夏后殷周继，其义一也。'"（《万章上》）

曰："敢问国君欲养君子，如何斯可谓养矣？"曰："以君命将之，再拜稽首而受。其后廪人继粟，庖人继肉，不以君命将之。子思以为鼎肉使己仆仆尔亟拜也，非养君子之道。尧之于舜也，使其子九男事之，二女女焉，百官牛羊仓廪备，以养舜于畎亩之中，后举而加诸上位，故曰王公之尊贤者也。"（《万章下》）

孟子曰："舜之饭糗茹草也，若将终身焉。及其为天子也，被袗衣，鼓琴，二女果，若固有之。"（《尽心下》）

《庄子》

尧让天下于许由，曰："日月出矣，而爝火不息，其于光也，不亦难乎！时雨降矣，而犹浸灌，其于泽也，不亦劳乎！夫子立而天下治，而我犹尸之，吾自视缺然。请致天下。"许由曰："子治天下，天下既已治也，而我犹代子，吾将为名乎？名者，实之宾也。吾将为宾乎？鹪鹩巢于深林，不过一枝；偃鼠饮河，不过满腹。归休乎君，予无所用天下为。庖人虽不治庖，尸祝不越樽俎而代之矣。"（《内篇·逍遥游》）

故昔者尧问于舜曰："我欲伐宗、脍、胥敖，南面而不释然。其故何也？"舜曰："夫三子者，犹存乎蓬艾之间。若不释然，何哉？昔者十日并出，万物皆照，而况德之进乎日者乎！"（《内篇·齐物论》）

常季曰："彼为己，以其知得其心，以其心得其常心。物何为最之哉？"仲尼曰："人莫鉴于流水，而鉴于止水。唯止能止众止。受命于地，唯松柏独也正，在冬夏青青；受命于天，唯尧舜独也正，在万物之首。幸能正生，以正众生。夫保始之征，不惧之实。勇士一人，雄入于九军。将求名而能自要者，而犹若是，而况官天地、府万物、直寓六骸、象耳目，一知之所知，而心未尝死者乎！彼且择日而登假，人则从是也。彼且何肯以物为事乎！"（《内篇·德充符》）

夫道，有情有信，无为无形；可传而不可受，可得而不可见；

自本自根，未有天地，自古以固存；神鬼神帝，生天生地；在太极之先而不为高，在六极之下而不为深，先天地生而不为久，长于上古而不为老。狶韦氏得之，以挈天地；伏戏氏得之，以袭气母；维斗得之，终古不忒；日月得之，终古不息；勘坏得之，以袭昆仑；冯夷得之，以游大川；肩吾得之，以处大山；黄帝得之，以登云天；颛顼得之，以处玄宫；禺强得之，立乎北极；西王母得之，坐乎少广，莫知其始，莫知其终；彭祖得之，上及有虞，下及五伯；傅说得之，以相武丁，奄有天下，乘东维、骑箕尾而比于列星。（《内篇·大宗师》）

子独不知至德之世乎？昔者容成氏、大庭氏、伯皇氏、中央氏、栗陆氏、骊畜氏、轩辕氏、赫胥氏、尊卢氏、祝融氏、伏牺氏、神农氏，当是时也，民结绳而用之。甘其食，美其服，乐其俗，安其居，邻国相望，鸡狗之音相闻，民至老死而不相往来。若此之时，则至治已。（《外篇·胠箧》）

昔者黄帝始以仁义撄人之心，尧、舜于是乎股无胈，胫无毛，以养天下之形。愁其五藏以为仁义，矜其血气以规法度。然犹有不胜也。（《外篇·在宥》）

黄帝游乎赤水之北，登乎昆仑之丘而南望。还归，遗其玄珠。使知索之而不得，使离朱索之而不得，使喫诟索之而不得也。乃使象罔，象罔得之。黄帝曰："异哉！象罔乃可以得之乎？"（《外篇·天地》）

老聃方将倨堂而应微曰："予年运而往矣，子将何以戒我乎？"子贡曰："夫三王五帝之治天下不同，其系声名一也，而先生独以为非圣人，如何哉？"老聃曰："小子少进！子何以谓不同？"对曰："尧授舜，舜授禹，禹用力而汤用兵，文王顺纣而不敢逆，武王逆纣而不肯顺，故曰不同。"老聃曰："小子少进！余语汝三皇五帝之治天下。黄帝之治天下，使民心一，民有其亲死不哭而民不非也。尧之治天下，使民心亲，民有为其亲杀其杀而民不非也。舜之治天下，使民心竞，民孕妇十月生子，子生五月而能言，不至乎孩而始谁，则人始有夭矣。禹之治天下，使民心变，人有心而兵有顺，杀盗非杀人，自为种而天下耳，是以天下大骇，儒墨皆起。其作始有伦，而今乎妇女，何言哉！余语汝，三皇五帝之治天下，名曰治之，而乱莫甚焉。三皇之知，上悖日月之明，下暌山川之精，中堕四时之施，其知憯于蛎虿之尾，鲜规之兽，莫得安其性命之情者，而犹自以为圣人，不可耻乎，其无耻也？"子贡蹴蹴然立不安。（《外篇·天运》）

逮德下衰，及燧人、伏羲始为天下，是故顺而不一。德又下衰，及神农、黄帝始为天下，是故安而不顺。德又下衰，及唐、虞始为天下，兴治化之流，浇淳散朴，离道以善，险德以行，然后去性而从于心。心与心识，知而不足以定天下，然后附之以文，益之以博。文灭质，博溺心，然后民始惑乱，无以反其性情而复其初。（《外篇·缮性》）

知谓黄帝曰："吾问无为谓，无为谓不应我，非不我应，不知应我也，吾问狂屈，狂屈中欲告我而不我告，非不我告，中欲告而忘之也。今予问乎若，若知之，奚故不近？"黄帝曰："彼其真是也，以其不知也；此其似之也，以其忘之也；予与若终不近也，以

其知之也。"狂屈闻之，以黄帝为知言。(《外篇·知北游》)

《墨子》

子墨子曰："昔者尧舜有茅茨者，且以为礼，且以为乐；汤放桀于大水，环天下自立以为王，事成功立，无大后患，因先王之乐，又自作乐，命曰《护》，又修《九招》；武王胜殷杀纣，环天下自立以为王，事成功立，无大后患，因先王之乐，又自作乐，命曰《象》；周成王因先王之乐，又自作乐，命曰《驺虞》。周成王之治天下也，不若武王；武王之治天下也，不若成汤；成汤之治天下也，不若尧舜。故其乐逾繁者，其治逾寡。自此观之，乐非所以治天下也。"(《三辩》)

古者舜耕历山，陶河濒，渔雷泽，尧得之服泽之阳，举以为天子，与接天下之政，治天下之民。(《尚贤》)

古者圣王制为饮食之法，曰："足以充虚继气，强股肱，耳目聪明，则止。"不极五味之调、芬香之和，不致远国珍怪异物。"何以知其然？古者尧治天下，南抚交阯，北降幽都，东西至日所出入，莫不宾服。逮至其厚爱，黍稷不二，羹胾不重，饭于土塯，啜于土形，斗以酌。俯仰周旋威仪之礼，圣王弗为。(《节用》)

《荀子》

权者重之，兵者劲之，名声者美之，夫尧、舜者，一天下也，不能加毫末于是矣。权谋倾覆之人退，则贤良知圣之士案自进矣；刑政平，百姓和，国俗节，则兵劲城固，敌国案自诎矣；务本事，积财物，而勿忘栖迟薜越也，是使群臣百姓皆以制度行，则财物积，国家案自富矣。(《王制》)

世俗之为说者曰："尧、舜擅让于。"是不然。天子者，势位至尊，无敌于天下，夫有谁与让矣？道德纯备，智惠甚明，南面而听天下，生民之属莫不振动从服以化顺之，天下无隐士，无遗善，同焉者是也，异焉者非也，夫有恶擅天下矣？曰："死而擅之。"是又不然。圣王在上，图德而定次，量能而授官，皆使民载其事而各得其宜，不能以义制利，不能以伪饰性于，则兼以为民。圣王已没，天下无圣，则固莫足以擅天下矣。天下有圣而在后者于，则天下不离，朝不易位，国不更制，天下厌然与乡无以异也，以尧继尧，夫又何变之有矣？圣不在后子而在三公，则天下如归，犹复而振之矣，天下厌然与乡无以异也，以尧继尧，夫又何变之有矣？唯其徙朝改制为难。故天子生则天下一隆，致顺而治，论德而定次，死则能任天下者必有之矣。夫礼义之分尽矣，擅让恶用矣哉？曰："老衰而擅。"是又不然。血气筋力则有衰，若夫智虑取舍则无衰。曰："老者不堪其劳而休也。"是又畏事者之议也。天子者，势至重而形至佚，心至愉而志无所诎，而形不为劳，尊无上矣。衣被则服五采于，杂间色，重文绣，加饰之以珠玉；食饮则重大牢而备珍怪于，期臭味，曼而馈，代睪而食，《雍》而彻乎五祀，执荐者百人侍西房；居则设张容，负依而坐，诸侯趋走乎堂下；出户而巫觋有事，出门而宗祀有事，乘大路、趋越席以养安，侧载睪芷以养鼻，前有错衡以养目，和鸾之声，步中《武》、《象》，驺中《韶》、《護》以养耳，三公奉轭持纳，诸侯持轮挟舆先马，大侯编后，大夫次之，小侯、元士次之，庶士介而夹道，庶人隐窜，莫敢视望；居如大神，动如天帝，持老养衰，犹有善于是者与不？老者，休也，休犹有安乐恬愉如是者乎？故曰：诸侯有老，天子无老，有擅国，无擅天下，古今一也。夫曰"尧、舜擅让"，是虚言也，是浅者之传，陋者之说也，不知逆顺之理，小大、至不至之变者也，未可与及天下之大理者也。（《正论》）

　　世俗之为说者曰："尧、舜不能教化，是何也？曰：朱、象不化于。"是不然也。尧、舜，至天下之善教化者也，南面而听天下，生民之属莫不振动从服以化顺之；然而朱、象独不化，是非尧、舜之过，朱、象之罪也。尧、舜者，天下之英也；朱、象者，天下之嵬，一时之琐也。今世俗之为说者不怪朱、象，而非尧、舜，岂不过甚矣哉！夫是之谓嵬说。羿、蠭门者，天下之善射者也，不能以拨弓、曲矢中于；王梁、造父者，天下之善驭者也，不能以辟马、毁舆致远于；尧、舜者，天下之善教化者也，不能使嵬琐化。何世而无嵬，何时而无琐，自太皞、燧人莫不有也于。故作者不祥，学者受其殃，非者有庆。《诗》曰："下民之孽，匪降自天；噂沓背憎，职竞由人。"于此之谓也。（《正论》）

　　尧问于舜曰："人情何如？"舜对曰："人情甚不美，又何问焉？妻子具而孝衰于亲，嗜欲得而信衰于友，爵禄盈而忠衰于君。人之情乎！人之情乎！甚不美，又何问焉？"（《性恶》）

　　舜曰："维予从欲而治。"故礼之生，为贤人以下至庶民也，非

为成圣也，然而亦所以成圣也。不学不成。尧学于君畴于，舜学于
务成昭于，禹学于西王国于。(《大略》)

尧问于舜曰："我欲致天下，为之奈何？"对曰："执一无失，
行微无怠，忠信无倦，而天下自来。执一如天地，行微如日月，忠
诚盛于内，贲于外于，形于四海。天下其在一隅邪于！夫有何足致
也？"(《尧问》)

《韩非子》

昔者黄帝合鬼神于西泰山之上，驾象车而六蛟龙，毕方并辖，
蚩尤居前，风伯进扫，雨师洒道，虎狼在前，鬼神在后，腾蛇伏
地，凤皇覆上，大合鬼神，作为清角。(《十过》)

奚谓耽于女乐？昔者戎王使由余聘于秦，穆公问之曰："寡人
尝闻道而未得目见之地，愿闻古之明主得国失国常何以？"由余对
曰："臣尝得闻之矣，常以俭得之，以奢失之。"穆公曰："寡人不
辱而问道于子，子以俭对寡人，何也？"由余对曰："臣闻昔者尧有
天下，饭于土簋，饮于土铏。其地南至交趾，北至幽都，东西至日
月之所出入者，莫不宾服。尧禅天下，虞舜受之，作为食器，斩山
木而财之，削锯修其迹，流漆墨其上，输之于宫以为食器。诸侯以
为益侈，国之不服者十三。舜禅天下而传之于禹，禹作为祭器，墨
染其外，而朱画其内，缦帛为茵，蒋席颇缘，觞酌有采，而樽俎有
饰。此弥侈矣，而国之不服者三十三。夏后氏没，殷人受之，作为
大路，而建九旒，食器雕琢，觞酌刻镂，白璧埊墀，茵席雕文。此

弥侈矣，而国之不服者五十三。君子皆知文章矣，而欲服者弥少。臣故曰：俭其道也。"（《十过》）

尧欲传天下于舜。鲧谏曰："不祥哉！孰以天下而传之于匹夫乎？"尧不听，举兵而诛杀鲧于羽山之郊。共工又谏曰："孰以天下而传之于匹夫乎？"尧不听，又举兵而诛共工于幽州之都。于是天下莫敢言无传天下于舜。仲尼闻之曰："尧之知舜之贤，非其难者也。夫至乎诛谏者必传之舜，乃其难也。"一曰："不以其所疑败其所察则难也。"（《外储说》）

历山之农者侵畔，舜往耕焉，期年，圳亩正。河滨之渔者争坻，舜往渔焉，期年而让长。东夷之陶者器苦窳，舜往陶焉，期年而器牢。仲尼叹曰："耕、渔与陶，非舜官也，而舜往为之者，所以救败也。舜其信仁乎！乃躬藉处苦而民从之。故曰：圣人之德化乎！"或问儒者曰："方此时也，尧安在？"其人曰："尧为天子。""然则仲尼之圣尧奈何？圣人明察在上位，将使天下无奸也。今耕渔不争，陶器不窳，舜又何德而化？舜之救败也，则是尧有失也。贤舜，则去尧之明察；圣尧，则去舜之德化：不可两得也。楚人有鬻盾与矛者，誉之曰：'吾盾之坚，物莫能陷也。'又誉其矛曰：'吾矛之利，于物无不陷也。'或曰：'以子之矛陷子之盾，何如？'其人弗能应也。夫不可陷之盾与无不陷之矛，不可同世而立。今尧、舜之不可两誉，矛盾之说也。且舜救败，期年已一过，三年已三过。舜有尽，寿有尽，天下过无已者；以有尽逐无已，所止者寡矣。赏罚使天下必行之，令曰：'中程者赏，弗中程者诛。'令朝至暮变，暮至朝变，十日而海内毕矣，奚待期年？舜犹不以此说尧令从己，乃躬亲，不亦无术乎？且夫以身为苦而后化民者，尧、舜之所难也；处势而矫下者，庸主之所易也。将治天下，释庸主之所易，道尧、舜之所难，未可与为政也。"（《难一》）

儒以文乱法，侠以武犯禁，而人主兼礼之，此所以乱也。夫离法者罪，而诸先生以文学取；犯禁者诛，而群侠以私剑养。故法之所非，君之所取；吏之所诛，上之所养也。法、趣、上、下，四相反也，而无所定，虽有十黄帝不能治也。（《五蠹》）

《管子》

一者本也，二者器也，三者充也，治者四也，教者五也，守者六也，立者七也，前者八也，终者九也，十者然后具五官于六府也、五声于六律也。六月日至，是故人有六多，六多所以街天地也。天道以九制，地理以八制，人道以六制。以天为父，以地为母，以开乎万物，以总一统。通乎九制、六府、三充，而为明天子。修概水土以待乎天堇，反五藏以视不亲。治祀之下，以观地位。货嘾神庐，合于精气。已合而有常，有常而有经。审合其声，修十二钟，以律人情。人情已得，万物有极，然后有德。故通乎阳气，所以事天也，经纬日月，用之于民。通乎阴气，所以事地也，经纬星历，以视其离。通若道然后有行，然则神筮不灵，神龟不卜，黄帝泽参，治之至也。（《五行》）

昔者黄帝得蚩尤而明于天道，得大常而察于地利，得奢龙而辩于东方，得祝融而辩于南方，得大封而辩于西方，得后土而辩于北方。黄帝得六相而天地治，神明至。蚩尤明乎天道，故使为当时；大常察乎地利，故使为廪者；奢龙辩乎东方，故使为土师；祝融辩乎南方，故使为司徒；大封辩于西方，故使为司马；后土辩乎北方，故使为李。是故春者土师也，夏者司徒也，秋者司马也，冬者李也。昔黄帝以其缓急作立五声，以政五钟。令其五钟，一曰青钟大音，二曰赤钟重心，三曰黄钟洒光，四曰景钟昧其明，五曰黑钟隐其常。五声既调，然后作立五行以正天时，五官以正人位。人与天调，然后天地之美生。（《五行》）

昔者尧之治天下也，犹埴已埏也，唯陶之所以为，犹金之在炉，恣冶之所以铸。其民引之而来，推之而往，使之而成，禁之而止。故尧之治也，善明法禁之令而已矣。黄帝之治天下也，其民不引而来，不推而往，不使而成，不禁而止。故黄帝之治也，置法而不变，使民安其法者也。所谓仁义礼乐者，皆出于法。此先圣之所以一民者也。（《任法》）

桓公既霸，会诸侯于葵丘，而欲封禅。管仲曰："古者封泰山，禅梁父者，七十二家，而夷吾所记者，十有二焉。昔无怀氏封泰山，禅云云。虙羲封泰山，禅云云。神农封泰山，禅云云。炎帝封泰山，禅云云。黄帝封泰山，禅亭亭。颛顼封泰山，禅云云。帝告封泰山，禅云云。尧封泰山，禅云云。舜封泰山，禅云云。禹封泰山，禅会稽。汤封泰山，禅云云。周成王封泰山，禅社首。皆受命然后得封禅。"（《封禅》）

黄帝立明台之议者，上观于贤也。尧有衢室之问者，下听于人也。舜有告善之旌，而主不蔽也。禹立谏鼓于朝，而备讯唉。汤有

总街之庭，以观人诽也。武王有灵台之复，而贤者进也。此古圣帝明王所以有而勿失，得而勿忘者也。（《桓公问》）

桓公曰："何谓得失之数皆在此？"管子对曰："昔者桀霸有天下而用不足，汤有七十里之薄而用有余。天非独为汤雨菽粟，而地非独为汤出财物也。伊尹善通移、轻重、开阖、决塞，通于高下徐疾之策坐起之。费时也，黄帝问于伯高曰：'吾欲陶天下而以为一家，为之有道乎？'伯高对曰：'请刈其莞而树之，吾谨逃其蚤牙，则天下可陶而为一家。'黄帝曰：'此若言可得闻乎？'伯高对曰：'上有丹沙者，下有黄金。上有慈石者，下有铜金。上有陵石者，下有铅锡赤铜；上有赭者，下有铁。此山之见荣者也。苟山之见其荣者，君谨封而祭之。距封十里而为一坛，是则使乘者下行，行者趋。若犯令者，罪死不赦。然则与折取之远矣。'修教十年，而葛卢之山发而出水，金从之，蚩尤受而制之，以为剑铠矛戟，是岁相兼者诸侯九。雍狐之山发而出水，金从之，蚩尤受而制之，以为雍狐之戟芮戈，是岁相兼者诸侯十二。故天下之君顿戟壹怒，伏尸满野。此见戈之本也。"（《地数》）

齐桓公问于管子曰："国准可得而闻乎？"管子对曰："国准者，视时而立仪。"桓公曰："何谓视时而立仪？"对曰："黄帝之王，谨逃其爪牙。有虞之王，枯泽童山。夏后之王，烧增薮，焚沛泽，不益民之利。殷人之王，诸侯无牛马之牢，不利其器。周人之王，官能以备物。五家之数殊，而用一也。"（《国准》）

桓公问于管子曰："轻重安施？"管子对曰："自理国虖戏以来，未有不以轻重而能成其王者也。"公曰："何谓？"管子对曰：

"虙戏作，造六峜以迎阴阳，作九九之数以合天道，而天下化之。神农作，树五谷淇山之阳，九州之民乃知谷食，而天下化之。黄帝作，钻燧生火，以熟荤臊，民食之，无兹胃之病，而天下化之。黄帝之王，童山竭泽。有虞之王，烧曾薮，斩群害，以为民利，封土为社，置木为闾，始民知礼也。当是其时，民无愠恶不服，而天下化之。夏人之王，外凿二十虻，蟀十七湛，疏三江，凿五湖，道四泾之水，以商九州之高，以治九薮，民乃知城郭门闾室屋之筑，而天下化之。殷人之王，立帛牢，服牛马以为民利，而天下化之。周人之王，循六岑，合阴阳，而天下化之。"（《轻重戊》）

《文子》

老子曰："昔黄帝之治天下，调日月之行，治阴阳之气，节四时之度，正律历之数，别男女，明上下，使强不掩弱，众不暴寡，民保命而不夭，岁时熟而不凶，百官正而无私，上下调而无尤，法令明而不闇，辅助公而不阿，田者让畔，道不拾遗，市不预贾。故于此时，日月星辰，不失其时，风雨时节，五谷丰昌，凤皇翔于庭，麒麟游于郊。虙牺氏之王天下，枕方寝绳，杀秋约冬，负方州，抱员天，阴阳所拥，沉滞不通者窍理之，逆气戾物伤民厚者绝止之。其民童蒙，不知西东，视瞑瞑，行蹎蹎，侗然自得，莫知其所由，浮游汎然不知所本，罔养不知所如往。此明虙牺氏之治天下也如此。当此之时，禽兽虫蛇无不怀其爪牙，藏其螫毒，功揆天地。虽含毒螫之情，而无残害之心，至德所加，故能若此也。至黄帝要缪未详。乎太祖之下，然而不章其功，不扬其名，隐真人之道，以从天地之固然。何即？道德上通，而智故消灭也。"（《精诚》）

老子曰："上古真人，玄古之君也。呼吸阴阳，而群生莫不仰其德以和顺。当此之时，领理隐密，自成纯朴。纯朴未散，而万物大优。内韬明德，外和万物，天下无事，各乃遂其性，无相侵害，故并优游也。及世之衰也，至伏羲氏昧昧懋懋，皆欲离其童蒙之心，而觉悟乎天地之间，其德烦而不一。时始画八卦，以通神明，以类万情；结绳，以为网罟，以畋以渔；离蒙觉悟，其君于天下，渐失其本，德烦不一，比玄古之时以为衰也。及至神农黄帝，罴领天下，纪纲四时，和调阴阳。于是万民莫不竦身而思，戴听而视，故治而不和。"（《上礼》）

《鹖冠子·世兵》

道有度数，故神明可交也，物有相胜，故水火可用也，东西南北，故形名可信也。五帝在前，三王在后，上德已衰矣，兵知俱起。黄帝百战，蚩尤七十二，尧伐有唐，禹服有苗，天不变其常，地不易其则，阴阳不乱其气，生死不偾其位，三光不改其用，神明不徙其法。得失不两张，成败不两立。所谓贤不肖者古今一也。

《商君书》

前世不同教，何古之法？帝王不相复，何礼之循？伏羲、神农教而不诛，黄帝、尧、舜诛而不怒，及至文、武，各当时而立法，因事而制礼。礼、法以时而定，制、令各顺其宜，兵甲器备各便其用。(《更法》)

昔者昊英之世，以伐木杀兽，人民少而木兽多。黄帝之世，不麛不卵，官无供备之民，死不得用椁。事不同皆王者，时异也。神农之世，男耕而食，妇织而衣，刑政不用而治，甲兵不起而王。神农既没，以强胜弱，以众暴寡。故黄帝作为君臣上下之义，父子兄弟之礼，夫妇妃匹之合；内行刀锯，外用甲兵，故时变也。由此观之，神农非高于黄帝也，然其名尊者，以适于时也。(《画策》)

《尸子》

治水潦者，禹也；播五种者，后稷也；听狱折衷者，皋陶也。舜无为也，而天下以为父母。爱天下莫甚焉。天下之善者，惟仁也。夫丧其子者，苟可以得之，无择人也。仁者之于善也亦然。是故尧举舜于畎亩，汤举伊尹于雍人。内举不避亲，外举不避仇。仁者之于善也，无择也，无恶也，惟善之所在。尧问于舜曰：何事？舜曰：事天。问：何任？曰：任地。问：何务？曰：务人。平地而注水，水流湿；均薪而施火，火从燥，召之类也。是故尧为善而众美至焉，桀为非而众恶至焉。(《仁意》)

孔子曰：欲知则问，欲能则学，欲给则豫，欲善则肆。国乱，则择其邪人而去之，则国治矣。胸中乱，则择其邪欲而去之，则德正矣。天下非无盲者也，美人之贵，明目者众也；天下非无聋者也，辨士之贵，聪耳者众也；天下非无乱人也，尧舜之贵，可教者众也。孔子曰：君者，盂也。民者，水也。盂方则水方，盂圆则水圆。上何好而民不从？昔者勾践好勇而民轻死，灵王好细腰而民多饿。夫死与饿，民之所恶也，君诚好之，百姓自然，而况仁义乎？桀纣之有天下也，四海之内皆乱，而关龙逢、王子比干不与焉，而谓之皆乱，其乱者众也。尧舜之有天下也，四海之内皆治，而丹朱、商均不与焉，而谓之皆治，其治者众也。故曰：君诚服之，百姓自然；卿大夫服之，百姓若逸；官长服之，百姓若流。夫民之可教者众，故曰犹水也。（《处道》）

《逸周书·尝麦》

王若曰："宗掩、大正：昔天之初，口作二后，乃设建典。命赤帝分正二卿，命蚩尤于宇少昊，以临四方，司口口上天末成之庆。蚩尤乃逐帝，争于涿鹿之河九隅无遗。赤帝大慑，乃说于黄帝，执蚩尤，杀之于中冀。"

《战国策》

苏秦曰："臣固疑大王之不能用也。昔者神农伐补遂，黄帝伐涿鹿而禽蚩尤，尧伐驩兜，舜伐三苗，禹伐共工，汤伐有夏，文王伐崇，武王伐纣，齐桓任战而伯天下。由此观之，恶有不战者乎？古者使车毂击驰，言语相结，天下为一；约从连横，兵革不藏；文士并饬，诸侯乱惑；万端俱起，不可胜理；科条既备，民多伪态；书策稠浊，百姓不足；上下相愁，民无所聊；明言章理，兵甲愈起；辩言伟服，战攻不息；繁称文辞，天下不治；舌弊耳聋，不见成功；行义约信，天下不亲。于是乃废文任武，厚养死士，缀甲厉兵，效胜于战场。夫徒处而致利，安坐而广地，虽古五帝、三王、五伯、明主贤君，常欲坐而致之，其势不能，故以战续之。宽则两军相攻，迫则杖戟相撞，然后可建大功。是故兵胜于外，义强于内，威立于上，民服于下。今欲并天下，凌万乘，诎敌国，制海内，子元元，臣诸侯，非兵不可！今之嗣主忽于至道，皆惛于教，乱于治，迷于言，惑于语，沉于辩，溺于辞，以此论之，王固不能行也。"（《秦策》）

古今不同俗，何古之法？帝王不相袭，何礼之循？宓戏、神农教而不诛，黄帝、尧、舜诛而不怒。及至三王，观时而制法，因事而制礼，法度制令，各顺其宜，衣服器械，各便其用。故治世不必一道，便国不必法古。（《赵策》）

燕、齐雠国也，秦兄弟之交也。合雠国以伐婚姻，臣为之苦矣。黄帝战于涿鹿之野，而西戎之兵不至；禹攻三苗，而东夷之民不起。以燕伐秦，黄帝之所难也，而臣以致燕甲而起齐兵矣。（《魏策》）

《新语》

民人食肉饮血，衣皮毛；至于神农，以为行虫走兽，难以养

民，乃求可食之物，尝百草之实，察酸苦之味，教人食五谷。(《道基》)

天下人民，野居穴处，未有室屋，则与禽兽同域。于是黄帝乃伐木构材，筑作宫室，上栋下宇，以避风雨。(《道基》)

《新书》

人主者，天下安、社稷固不耳。故黄帝者，炎帝之兄也。炎帝无道，黄帝伐之涿鹿之野，血流漂杵，诛炎帝而兼其地，天下乃治。(《益壤》)

炎帝者，黄帝同父母弟也，各有天下之半。黄帝行道，而炎帝不听，故战涿鹿之野，血流漂杵。夫地制不得，自黄帝而以困。(《制不定》)

黄帝曰："道若川谷之水，其出无已，其行无止。故服人而不为仇，分人而不菌者，其惟道矣。故播之于天下，而不忘者，其惟道矣。是以道高比于天，道明比于日，道安比于山。故言之者见谓智，学之者见谓贤，守之者见谓信，乐之者见谓仁，行之者见谓圣人。故惟道不可窃也，不可以虚为也。"故黄帝职道义，经天地，纪人伦，序万，以信与仁为天下先。然后济东海，入江内，取绿图，西济积石，涉流沙，登于昆仑，于是还归中国，以平天下，天下太平，唯躬道而已。(《修政语上》)

帝颛顼曰："至道不可过也。至义不可易也。"是故以后者复迹也。故上缘黄帝之道而行之，学黄帝之道而赏之，加而弗损，天下亦平也。

颛顼曰："功莫美于去恶而为善，罪莫大于去善而为恶。故非吾善善而已矣，善缘善也；非恶恶而已也，恶缘恶也。吾日慎一日，其此已也。"

帝喾曰："缘道者之辞而与为道已，缘巧者之事而学为巧已，行仁者之操而与为仁也。"故节仁之器以修其财，而身专其美矣。故上缘黄帝之道而明之，学帝颛顼之道而行之，而天下亦平矣。

帝喾曰："德莫高于博爱人，而政莫高于博利人。故政莫大于信，治莫大于仁，吾慎此而已矣。"

帝尧曰："吾存心于先古，加志于穷民，痛万姓之罹罪，忧众生之不遂也。故一民或饥，曰此我饥之也；一民或寒，曰此我寒之也；一民有罪，曰此我陷之也。"仁行而义立，德博而化富。故不赏而民劝，不罚而民治，先恕而后行，是故德音远也。是故尧教化及雕题、蜀、越，抚交趾，身涉流沙，地封独山，西见王母，训及大夏、渠叟，北中幽都，及狗国与人身，而鸟面及焦侥，好贤而隐不还，强于行而宪于志，率以仁而恕，至此而已矣。

帝舜曰："吾尽吾敬以事吾上，故见谓忠焉；吾尽吾敬以接吾敌，故见谓信焉；吾尽吾敬以使吾下，故见谓仁焉。是以见爱亲于天下之人，而归乐于天下之民，而见贵信于天下之君。故吾取之以敬也，吾得之以敬也。"故欲明道而谕教，惟以敬者为忠必服之。（《修政语上》）

《淮南子》

及世之衰也，至伏羲氏，其道昧昧芒芒然。吟德怀和，被施颇烈，而知乃始昧昧晰晰，皆欲离其童蒙之心，而觉视于天地之间，是故其德烦而不能一。乃至神农、黄帝，剖判大宗，窍领天地，袭九窾，重九憝，提挈阴阳，嫥捖刚柔，枝解叶贯，万物百族，使各有经纪条贯。于此万民睢睢盱盱然，莫不竦身而载听视，是故治而不能和。（《俶真训》）

昔者黄帝治天下，而力牧、太山稽辅之，以治日、月之行律，治阴、阳之气；节四时之度，正律历之数；别男女，异雌雄；明上下，等贵贱；使强不掩弱，众不暴寡；人民保命而不夭，岁时熟而不凶；百官正而无私，上下调而无尤；法令明而不暗，辅佐公而不阿；田者不侵畔，渔者不争隈；道不拾遗，市不豫贾；城郭不关，邑无盗贼；鄙旅之人，相让以财；狗彘吐菽粟于路，而无忿争之心。于是日月精明，星辰不失其行；风雨时节，五谷登熟；虎狼不妄噬，鸷鸟不妄搏；凤皇翔于庭，麒麟游于郊；青龙进驾，飞黄伏皂；诸北、儋耳之国，莫不献其贡职，然犹未及虙戏氏之道也。（《览冥训》）

昔者共工与颛顼争为帝，怒而触不周山，天柱折，地维绝。天倾西北，故日月星辰移焉；地不满东南，故水潦尘埃归焉。（《天文训》）

黄帝生阴阳，上骈生耳目，桑林生臂手，此女娲所以七十化也。

世俗之人，多尊古而贱今，故为道者必托之于神农、黄帝而后能入说。

舜之时，共工振滔洪水，以薄空桑。（《本经训》）

夫兵者所以禁暴讨乱也。炎帝为火灾，故黄帝擒之；共工为水害，故颛顼诛之。教之以道，导之以德而不听，则临之以威武；临之威武而不从，则制之以兵革。故圣人之用兵也，若栉发耨苗，所去者少，而所利者多。杀无罪之民，而养无义之君，害莫大焉；殚天下之财，而赡一人之欲，祸莫深焉。（《兵略训》）

三、五帝叙事

黄帝纪

《大戴礼记·五帝德》

黄帝，少典之子也。曰轩辕。生而神灵，弱而能言，幼而慧齐，长而敦敏，成而聪明。治五气，设五量，抚万民，度四方。教熊罴貔貅豹虎，以与赤帝战于阪泉之野，三战，然后得行其志。黄帝黼黻衣，大带，黼裳，乘龙扆云，以顺天地之纪，幽明之故，死生之说，存亡之难。时播百谷草木，故教化淳鸟兽昆虫，历离日月星辰，极畋土石金玉，劳心力耳目，节用水火材物。

颛顼纪

《大戴礼记·五帝德》

颛顼,黄帝之孙,昌意之子也,曰高阳。洪渊以有谋,疏通而知事;养材以任地,履时以象天,依鬼神以制义;治气以教民,絜诚以祭祀。乘龙而至四海:北至于幽陵,南至于交趾,西济于流沙,东至于蟠木,动静之物,大小之神,日月所照,莫不只励。

帝喾纪

《大戴礼记·五帝德》

元嚣之孙,蟜极之子也,曰高辛。生而神灵,自言其名;博施利物,不于其身;聪以知远,明以察微;顺天之义,知民之急;仁而威,惠而信,修身而天下服。取地之财而节用之,抚教万民而利诲之,历日月而迎送之,明鬼神而敬事之。其色郁郁,其德嶷嶷,其动也时,其服也士。春夏乘龙,秋冬乘马,黄黼黻衣,执中而获天下;日月所照,风雨所至,莫不从顺。

尧纪

《大戴礼记·五帝德》

高辛之子也，曰放勋。其仁如天，其知如神，就之如日，望之如云。富而不骄，贵而不豫，黄黼黻衣，丹车白马。伯夷主礼，龙、夔教舞，举舜、彭祖而任之，四时先民治之。流共工于幽州，以变北狄；放驩兜于崇山，以变南蛮；杀三苗于三危，以变西戎；殛鲧于羽山，以变东夷。其言不贰，其德（行）不回，四海之内，舟舆所至，莫不说夷。

《尚书·尧典》

昔在帝尧，聪明文思，光宅天下。将逊于位，让于虞舜，作《尧典》。

曰若稽古帝尧，曰放勋，钦、明、文、思、安安，允恭克让，光被四表，格于上下。克明俊德，以亲九族。九族既睦，平章百姓。百姓昭明，协和万邦。黎民于变时雍。

乃命羲和，钦若昊天，历象日月星辰，敬授人时。分命羲仲，宅嵎夷，曰旸谷。寅宾出日，平秩东作。日中，星鸟，以殷仲春。厥民析，鸟兽孳尾。申命羲叔，宅南交。平秩南为，敬致。日永，星火，以正仲夏。厥民因，鸟兽希革。分命和仲，宅西，曰昧谷。

寅饯纳日，平秩西成。宵中，星虚，以殷仲秋。厥民夷，鸟兽毛毨。申命和叔，宅朔方，曰幽都。平在朔易。日短，星昴，以正仲冬。厥民隩，鸟兽氄毛。帝曰："咨！汝羲暨和。期三百有六旬有六日，以闰月定四时，成岁。允厘百工，庶绩咸熙。"

帝曰："畴咨若时登庸？"放齐曰："胤子朱启明。"帝曰："吁！嚚讼可乎？"帝曰："畴咨若予采？"驩兜曰："都！共工方鸠僝功。"帝曰："吁！静言庸违，像恭滔天。"帝曰："咨！四岳，汤汤洪水方割，荡荡怀山襄陵，浩浩滔天。下民其咨，有能俾乂？"佥曰："于！鲧哉。"帝曰："吁！咈哉，方命圮族。"岳曰："异哉！试可乃已。"帝曰，"往，钦哉！"九载，绩用弗成。帝曰："咨！四岳。朕在位七十载，汝能庸命，巽朕位？"岳曰："否德忝帝位。"曰："明明扬侧陋。"师锡帝曰："有鳏在下，曰虞舜。"帝曰："俞？予闻，如何？"岳曰："瞽子，父顽，母嚚，像傲；克谐以孝，烝烝乂，不格奸。"帝曰："我其试哉！女于时，观厥刑于二女。"厘降二女于妫汭，嫔于虞。帝曰："钦哉！"慎微五典，五典克从。纳于百揆，百揆时叙。宾于四门，四门穆穆。纳于大麓，烈风雷雨弗迷。帝曰："格！汝舜。询事考言，乃言凪可绩，三载。汝陟帝位。"

舜让于德，弗嗣。

舜纪

《大戴礼记·五帝德》

蟜牛之孙，瞽叟之子也，曰重华。好学孝友，闻于四海；陶家事亲，宽裕温良。敦敏而知时，畏天而爱民，恤远而亲亲。承受大命，依于倪皇；叡明通知，为天下工。使禹敷土，主名山川，以利于民；使后稷播种，务勤嘉谷，以作饮食；羲、和掌历，敬授民时；使益行火，以辟山莱；伯夷主礼，以节天下；夔作乐，以歌钥舞，和以钟鼓；皋陶作士，忠信疏通，知民之情；契作司徒，教民孝友，敬政率经。其言不惑，其德不愿，举贤而天下平。南抚交阯、大、教，鲜支、渠廋、氐、羌，北山戎、发、息慎，东长鸟夷、羽民。舜之少也，恶悴劳苦，二十以孝闻乎天下，三十在位，嗣帝所，五十乃死，葬于苍梧之野。

《史记·封禅书》

尚书曰，舜在璇玑玉衡，以齐七政。遂类于上帝，禋于六宗，望山川，遍群神。辑五瑞，择吉月日，见四岳诸牧，还瑞。岁二月，东巡狩，至于岱宗。岱宗，泰山也。柴，望秩于山川。遂觐东后。东后者，诸侯也。合时月正日，同律度量衡，修五礼，五玉三帛二生一死贽。五月，巡狩至南岳。南岳，衡山也。八月，巡狩至西岳。西岳，华山也。十一月，巡狩至北岳。北岳，恒山也。皆如岱宗之礼。中岳，嵩高也。五载一巡狩。

《尚书·舜典》

虞舜侧微，尧闻之聪明，将使嗣位，历试诸难，作《舜典》。

曰若稽古帝舜，曰重华协于帝。浚咨文明，温恭允塞，玄德升闻，乃命以位。慎徽五典，五典克从；纳于百揆，百揆时叙；宾于四门，四门穆穆；纳于大麓，烈风雷雨弗迷。帝曰："格！汝舜。询事考言，乃言底可绩，三载。汝陟帝位。"

舜让于德，弗嗣。正月上日，受终于文祖。在璿玑玉衡，以齐七政。肆类于上帝，禋于六宗，望于山川，遍于群神。辑五瑞。既月乃日，觐四岳群牧，班瑞于群后。岁二月，东巡守，至于岱宗，柴。望秩于山川，肆觐东后。协时月正日，同律度量衡。修五礼、五玉、三帛、二生、一死贽。如五器，卒乃复。五月南巡守，至于南岳，如岱礼。八月西巡守，至于西岳，如初。十有一月朔巡守，至于北岳，如西礼。归，格于艺祖，用特。五载一巡守，群后四朝。敷奏以言，明试以功，车服以庸。

肇十有二州，封十有二山，浚川。象以典刑，流宥五刑，鞭作官刑，扑作教刑，金作赎刑。眚灾肆赦，怙终贼刑。钦哉，钦哉，惟刑之恤哉！流共工于幽州，放驩兜于崇山，窜三苗于三危，殛鲧于羽山，四罪而天下咸服。

二十有八载，帝乃殂落。百姓如丧考妣，三载，四海遏密八音。

月正元日，舜格于文祖，询于四岳，辟四门，明四目，达四聪。"咨，十有二牧！"曰，"食哉惟时！柔远能迩，惇德允元，而难任人，蛮夷率服。"舜曰："咨，四岳！有能奋庸熙帝之载，使宅百揆亮采，惠畴？"佥曰："伯禹作司空。"帝曰："俞，咨！禹，汝平水土，惟时懋哉！"禹拜稽首，让于稷、契暨皋陶。帝曰："俞，汝往哉！"帝曰："弃，黎民阻饥，汝后稷，播时百谷。"帝曰："契，百姓不亲，五品不逊。汝作司徒，敬敷五教，在宽。"帝曰："皋陶，蛮夷猾夏，寇贼奸宄。汝作士，五刑有服，五服三就。五流有宅，五宅三居。惟明克允！"帝曰："畴若予工？"佥曰："垂哉！"帝曰："俞，咨！垂，汝共工。"垂拜稽首，让于殳斨暨伯与。帝曰："俞，往哉！汝谐。"帝曰："畴若予上下草木鸟兽？"佥曰："益哉！"帝曰："俞，咨！益，汝作朕虞。"益拜稽首，让于朱虎、熊罴。帝曰："俞，往哉！汝谐。"帝曰："咨！四岳，有能典朕三礼？"佥曰："伯夷！"帝曰："俞，咨！伯，汝作秩宗。夙夜惟寅，直哉惟清。"伯拜稽首，让于夔、龙。帝曰："俞，往，钦哉！"帝曰："夔！命汝典乐，教胄子，直而温，宽而栗，刚而无虐，简而无傲。诗言志，歌永言，声依永，律和声。八音克谐，无相夺伦，神人以和。"夔曰："于！予击石拊石，百兽率舞。"帝曰："龙，朕堲谗说殄行，震惊朕师。命汝作纳言，夙夜出纳朕命，惟允！"帝曰："咨！汝二十有二人，钦哉！惟时亮天功。"

三载考绩，三考，黜陟幽明，庶绩咸熙。分北三苗。舜生三十征，庸三十，在位五十载，陟方乃死。

帝厘下土，方设居方，别生分类。作《汩作》《九共》九篇、《稾饫》。

《尚书·皋陶谟》

曰若稽古皋陶曰："允迪厥德，谟明弼谐。"禹曰："俞，如何？"皋陶曰："都！慎厥身，修思永。惇叙九族，庶明励翼，迩可远在兹。"禹拜昌言曰："俞！"

皋陶曰："都！在知人，在安民。"禹曰："吁！咸若时，惟帝其难之。知人则哲，能官人。安民则惠，黎民怀之。能哲而惠，何忧乎驩兜？何迁乎有苗？何畏乎巧言令色孔壬？"

皋陶曰："都！亦行有九德。亦言，其人有德，乃言曰，载采采。"禹曰："何？"

皋陶曰："宽而栗，柔而立，愿而恭，乱而敬，扰而毅，直而温，简而廉，刚而塞，强而义。彰厥有常，吉哉！日宣三德，夙夜浚明有家；日严祗敬六德，亮采有邦。翕受敷施，九德咸事，俊乂在官。百僚师师，百工惟时，抚于五辰，庶绩其凝。无教逸欲，有邦兢兢业业，一日二日万几。无旷庶官，天工，人其代之。天叙有典，敕我五典五惇哉！天秩有礼，自我五礼有庸哉！同寅协恭和衷哉！天命有德，五服五章哉！天讨有罪，五刑五用哉！政事懋哉懋哉！""天聪明，自我民聪明。天明畏，自我民明威。达于上下，敬哉有土！"

皋陶曰："朕言惠可厎行？"禹曰："俞！乃言厎可绩。"皋陶曰："予未有知，思曰赞赞襄哉！"

《尚书·益稷》

帝曰："来，禹！汝亦昌言。"禹拜曰："都！帝，予何言？予思曰孜孜。"皋陶曰："吁！如何？"禹曰："洪水滔天，浩浩怀山襄陵，下民昏垫。予乘四载，随山刊木，暨益奏庶鲜食。予决九川，距四海，浚畎浍距川；暨稷播，奏庶艰食鲜食。懋迁有无，化居。烝民乃粒，万邦作乂。"皋陶曰："俞！师汝昌言。"

禹曰："都！帝，慎乃在位。"帝曰："俞！"禹曰："安汝止，惟几惟康。其弼直，惟动丕应。徯志以昭受上帝，天其申命用休。"

帝曰："吁！臣哉邻哉！邻哉臣哉！"禹曰："俞！"

帝曰："臣作朕股肱耳目。予欲左右有民，汝翼。予欲宣力四方，汝为。予欲观古人之象，日、月、星辰、山、龙、华、虫，作会；宗彝、藻、火、粉米、黼、黻，絺绣，以五采彰施于五色，作服，汝明。予欲闻六律、五声、八音，在治忽，以出纳五言，汝听。予违，汝弼，汝无面从，退有后言。钦四邻！庶顽谗说，若不在时，侯以明之，挞以记之，书用识哉，欲并生哉！工以纳言，时而飏之，格则承之庸之，否则威之。"

禹曰："俞哉！帝光天之下，至于海隅苍生，万邦黎献，共惟帝臣，惟帝时举。敷纳以言，明庶以功，车服以庸。谁敢不让，敢不敬应？帝不时敷，同，日奏，罔功。无若丹朱傲，惟慢游是好，傲虐是作。罔昼夜额额，罔水行舟。朋淫于家，用殄厥世。予创若时，娶于涂山，辛壬癸甲。启呱呱而泣，予弗子，惟荒度土功。弼成五服，至于五千。州十有二师，外薄四海，咸建五长，各迪有功，苗顽弗即工，帝其念哉！"帝曰："迪朕德，时乃功，惟叙。"

皋陶方祗厥叙，方施象刑，惟明。

夔曰："戛击鸣球、搏拊、琴、瑟、以咏。"祖考来格，虞宾在位，群后德让。下管鼗鼓，合止柷敔，笙镛以间。鸟兽跄跄；箫韶九成，凤皇来仪。夔曰："于！予击石拊石，百兽率舞。"

庶尹允谐，帝庸作歌。曰："敕天之命，惟时惟几。"乃歌曰："股肱喜哉！元首起哉！百工熙哉！"皋陶拜手稽首飏言曰："念哉！率作兴事，慎乃宪，钦哉！屡省乃成，钦哉！"乃赓载歌曰："元首明哉，股肱良哉，庶事康哉！"又歌曰："元首丛脞哉，股肱惰哉，万事堕哉！"帝拜曰："俞，往钦哉！"

《春秋左氏传·文公十八年》

昔高阳氏有才子八人，苍舒、隤敳、梼戭、大临、龙降、庭坚、仲容、叔达，齐、圣、广、渊，明、允、笃、诚，天下之民谓之八恺。高辛氏有才子八人，伯奋、仲堪、叔献、季仲、伯虎、仲熊、叔豹、季狸，忠、肃、共、懿，宣、慈、惠、和，天下之民谓之八元。此十六族也，世济其美，不陨其名。以至于尧，尧不能举。舜臣尧，举八恺，使主后土，以揆百事，莫不时序，地平天成。举八元，使布五教于四方，父义、母慈、兄友、弟共、子孝，内平外成。

昔帝鸿氏有不才子，掩义隐贼，好行凶德，丑类恶物，顽嚚不友，是与比周，天下之民谓之浑敦。少皞氏有不才子，毁信废忠，崇饰恶言，靖谮庸回，服谗蒐慝，以诬盛德，天下之民谓之穷奇。颛顼有不才子，不可教训，不知话言，告之则顽，舍之则嚚，傲很明德，以乱天常，天下之民谓之梼杌。此三族也，世济其凶，增其恶名，以至于尧，尧不能去。缙云氏有不才子，贪于饮食，冒于货贿，侵欲崇侈，不可盈厌，聚敛积实，不知纪极，不分孤寡，不恤穷匮，天下之民以比三凶，谓之饕餮。舜臣尧，宾于四门，流四凶族，浑敦、穷奇、梼杌、饕餮，投诸四裔，以御魑魅。是以尧崩而天下如一，同心戴舜，以为天子，以其举十六相，去四凶也。故《虞书》数舜之功，曰'慎徽五典，五典克从'，无违教也。曰'纳于百揆，百揆时序'，无废事也。曰'宾于四门，四门穆穆'，无凶人也。

《五帝本纪》赞

《大戴礼记·五帝德》

宰我问于孔子曰："昔者予闻诸荣伊令，黄帝三百年。请问黄帝者人邪？抑非人邪？何以至于三百年乎？"孔子曰："予！禹、汤、文、武、成王、周公可胜观矣。夫黄帝尚矣，女何以为？先生难言之。"宰我曰："上世之传，隐微之说，卒业之辨，闇昏忽之，意非君子之道也，则予之问也固矣。"

附录二 《史记·五帝本纪》全注全译

黄帝①者，少典②之子③，姓④公孙⑤，名曰轩辕⑥。生而神灵，弱而能言⑦，幼而徇齐⑧，长而敦敏⑨，成而聪明⑩。

◎**注释** ①〔黄帝〕"黄即是母"。有土德之瑞，土色黄，因号黄帝，为农业民族的象征。②〔少典〕或为诸侯国号。或为氏族名称。或为传说中有熊氏部落的首领。③〔子〕子嗣；后代子孙。④〔姓〕血缘关系较远的氏族团体。⑤〔公孙〕公之孙，公族未及三世则无氏，非姓也，黄帝乃少典国君之后，故称公孙。⑥〔轩辕〕或指黄帝始垂衣裳，有轩冕之服，故号轩辕氏。或为星象名，"轩""辕"两字皆从"车"，是初民仰观俯察所获得的天上神圣车型符号，像升天的运载工具；轩辕星象有辅助人类确定方位和季节的时空坐标功能，据传黄帝发明指南车，又《山海经》轩辕台有指示方位的作用。⑦〔生而神灵，弱而能言〕婴儿未满七十天曰弱，此处意为幼小。幼弱时即能言，所以为神灵也。⑧〔徇齐〕迅疾，指言语、行动都很快，或指身体发育快速，或指思虑敏捷。或通"迅给"，口才锋利。或通"濬齐"，德行智慧通达而严肃。

⑨〔敦敏〕敦，就身躯而言，指身段稳重；敏，就四肢而言，指手脚灵活；敦敏，指身体健壮。或有勤勉之意。意为敦厚而通达事理。⑩〔聪明〕无不闻曰聪，无不见曰明。聪，善听；明，善视。指明辨是非、明察事理。

◎**大意**　黄帝是少典族的后裔，姓为公孙，名为轩辕。他生来神奇灵敏，幼弱之时便会说话，年幼时思虑迅速，长大后敦厚敏捷，成年后明察事理。

轩辕之时，神农氏①世衰②。诸侯③相侵伐，暴虐百姓④，而神农氏弗能征⑤。于是轩辕乃习用干戈，以征不享⑥，诸侯咸来宾从。而蚩尤⑦最为暴，莫能伐。炎帝⑧欲侵陵诸侯，诸侯咸归轩辕。轩辕乃修德振兵，治五气⑨，艺五种⑩，抚万民，度四方⑪，教熊罴貔貅貙虎⑫，以与炎帝战于阪泉之野⑬。三战，然后得其志⑭。蚩尤作乱，不用帝⑮命。于是黄帝乃征师诸侯，与蚩尤战于涿鹿⑯之野，遂禽杀蚩尤。而诸侯咸尊轩辕为天子，代神农氏，是为黄帝⑰。天下有不顺者，黄帝从而征之，平者去之⑱，披山通道⑲，未尝宁居。

◎**注释**　①〔神农氏〕教民耕农，故号曰神农，黄帝之前的天子。②〔世衰〕后代子孙势力衰减。后代子孙道德衰薄。③〔诸侯〕势力强大的氏族团体，或部落联盟领袖。④〔百姓〕势力弱小的氏族团体。⑤〔征〕犹正也。⑥〔享〕进贡朝享。⑦〔蚩尤〕势力强大的氏族团体领袖。⑧〔炎帝〕有火德之瑞，因号炎帝。势力强大的氏族团体领袖，非神农氏，当为神农氏之后。⑨〔五气〕或指五行之气：春为木，夏为火，季夏为土，秋为金，冬为水。或指五种气象：晴、雨、冷、热、风。指研究季节气候。⑩〔五种〕五谷之种：黍、稷、麦、菽、稻。⑪〔抚万民，度四方〕度四方而安抚万民。⑫〔熊黑（pí）貔（pí）貅（xiū）貙（chū）虎〕猛兽名，可以教战。或指以猛兽之名教士卒习战之术，有威敌之用。或指军帅武勇之号，若后世之虎牙骁骑者。或指以氏族社会的动物图腾崇拜的各部落。⑬〔阪泉之野〕地名，今河北省张家口市涿鹿县东，在涿鹿之野附近。野，平野之地。⑭〔得其志〕指炎帝归轩辕。⑮〔帝〕指天子神农氏。⑯〔涿鹿〕地名，古涿鹿城遗址，在今河北省张家口市涿鹿县东南矾山镇三堡村北。⑰〔黄帝〕轩辕称帝，为天子，号黄帝。⑱〔平者去之〕平服者即去之。⑲〔披山通道〕披，同陂，旁其边，指从山边开道。指披山林草木而行以通道，在山上开道。

◎**大意**　轩辕的时候，神农氏后世子孙衰弱。各部落之间相互侵陵讨伐，残害百姓，而神农氏不能征服他们。于是轩辕便整顿军旅操练士兵，以征讨不向神农氏进贡的氏族部落，各部落首领都来归从。而蚩尤最为强暴，黄帝不能征服他。炎帝欲要侵犯各氏族部落，各部落首领都归附轩辕。轩辕于是修行德政，训练军队，研究季节气候，教民种植五谷，安抚各地民众，丈量规划四方土地，教以熊黑、貔貅、貙虎等威敌之术，与炎帝在阪泉之野展开战斗。经过多次交战才取得最后的胜利。后来蚩尤作乱，不听从黄帝的命令。于是黄帝便征调各部落的兵力，与蚩尤在涿鹿展开决战，捕杀了蚩尤。于是各部落都推尊轩辕为天子，以代替神农氏，这就是黄帝。天下有不归顺的人，黄帝便前去征讨，平服之后就带兵离开，开辟山林，凿通道路，未曾安逸过。

东至于海，登丸山[1]，及岱宗[2]。西至于空桐[3]，登鸡头[4]。南至于江[5]，登熊[6]、湘[7]。北逐荤粥[8]，合符[9]釜山[10]，而邑于涿鹿之阿[11]。迁徙往来无常处，以师兵为营卫。官名皆以云命，为云师[12]。置左右大监[13]，监[14]于万国。万国和，而鬼神山川封禅[15]与为多焉。获宝鼎，迎日推策[16]。举风后、力牧、常先、大鸿[17]以治民。顺天地之纪，幽明[18]之占，死生之说[19]，存亡之难。时播百谷草木，淳化[20]鸟兽虫蛾，旁罗[21]日月星辰，水波[22]土石金玉，劳勤心力耳目，节用水火材物。有土德之瑞，故号黄帝。

◎**注释** ①〔丸山〕山名，亦作"凡山"，在今山东省潍坊市昌乐县西南与临朐县分界。②〔岱宗〕山名，东岳泰山，在今山东省泰安市。③〔空桐〕山名，亦作"崆峒"，在今甘肃省平凉市。④〔鸡头〕山名，在今甘肃省平凉市。⑤〔江〕长江。⑥〔熊〕山名，在今湖南省长沙市益阳县。⑦〔湘〕山名，即今湖南省岳阳市洞庭湖中的君山。⑧〔荤粥（xūn yù）〕北狄名，唐虞以上曰山戎，亦曰熏粥，夏曰淳维，殷曰鬼方，周曰猃狁，汉曰匈奴。⑨〔合符〕合诸侯之信物（初用竹、木而为，后世改用金、铜、玉），以此作为帝王授权臣属的凭证。⑩〔釜山〕地名，本为"鬴山"，在今河北省张家口市涿鹿县东南矾山镇轩辕之丘。⑪〔邑于涿鹿之阿〕阿，广平之地。指在涿鹿的广平之处建造城邑。⑫〔以云命，为云师〕黄帝受命，有云瑞，故以云名官，号为云师，春官为青云，夏官为缙（赤色）云，秋官为白云，东官为黑云，中官为黄云。为氏族社会的非生物图腾崇拜。⑬〔监（jiàn）〕官府名称。⑭〔监（jiān）〕掌管督查。⑮〔封禅〕古代帝王登名山，封土为坛曰封，扫地而祭曰禅，祭祀天地山川，以庆祝成功和太平。⑯〔迎日推策〕迎日，迎日月而察朔望。策，蓍草也。指通过观察日月和蓍草占卜推算历数，以确定农时节气。（黄帝命羲和占日，常羲占曰，仓颉造书字，大挠造甲子，隶首造算数，容成造历日，岐伯造医方，鬼臾造占候，奚仲造车、作律管与坛禅礼也。）⑰〔风后、力牧、常先、大鸿〕卿相之名，辅佐之臣。⑱〔幽明〕幽，阴也；明，阳也。指阴阳五行。⑲〔死生之说〕养生送死的仪制。⑳〔淳化〕犹驯化也。㉑〔旁罗〕犹遍布也。㉒〔水波〕犹淘取也。

◎**大意** 黄帝向东到达大海，登上丸山和泰山。向西到达空桐，登上鸡头山。向南到达长江，登上熊山、湘山。向北驱逐荤粥，在釜山召集各部落首领，验证符契，然后在涿鹿的广平之处建造城邑。黄帝经常迁徙各地而不在一处定居，所到之处让士兵筑起军营来自卫。所封的官都用云命名，叫作云师。设置左大监和右大监，以监督各部落。各部落和睦相处，登临名山祭祀鬼神山川之事也就多了。他又获得宝鼎，用蓍草推算日月朔望。任用风后、力牧、常先、大鸿治理人民。顺应天地四季运行的规律，预测阴阳的变化，研究养生送死的仪制，探究安危存亡的道理。按季节种植百谷草木，驯养鸟兽蚕蛾，广泛观察日月星辰的运行，淘取土石金玉的性能，尽心竭力地做各种事，节用水火木材和各类物品。他在位时有象征土德的瑞兆出现，所以称为黄帝。

黄帝二十五子，其得姓①者十四人。

◎**注释** ①〔得姓〕以德居官，而初赐之姓，由子孙繁衍而发展为独立氏族。

◎**大意** 黄帝有二十五个儿子，获得赐姓的有十四人。

黄帝居轩辕之丘①，而娶于西陵②之女，是为嫘祖。嫘祖为黄帝正妃，生二子，其后皆有天下：其一曰玄嚣，是为青阳，青阳降居③江水④；其二曰昌意，降居若水⑤。昌意娶蜀山氏⑥女，曰昌仆，生高阳，高阳有圣德焉。黄帝崩，葬桥山⑦。其孙昌意之子高阳立，是为帝颛顼也。

◎**注释** ①〔轩辕之丘〕黄帝都邑，包括今河南省新郑市、新密市及相邻地区。②〔西陵〕国名，在轩辕之丘以西。③〔降居〕轩辕之丘在北，江水、若水在南，由北迁徙至南故曰降居。或为天子之子出为诸侯，有为退让而避居之意。

④〔江水〕封国名，本在河南后迁至四川。⑤〔若水〕封国名，本在河南后迁至四川。⑥〔蜀山氏〕氏族名。⑦〔桥山〕山名，在今陕西省延安市黄陵县。

◎**大意**　黄帝住在轩辕之丘，娶西陵氏之女为妻，她就是嫘祖。嫘祖是黄帝的正妃，生了两个儿子，他们后来都成为天下之主：一个叫玄嚣，就是青阳，青阳被封居在江水；另一个叫昌意，被封居在若水。昌意娶蜀山氏之女为妻，叫昌仆，生了高阳，高阳品行高尚有至圣之德。黄帝逝世，安葬在桥山。他的孙子，也就是昌意的儿子高阳即位，这就是帝颛顼。

帝颛顼高阳者，黄帝之孙而昌意之子也。静渊①以有谋，疏通②而知事；养材以任地，载时以象天，依鬼神以制义，治气以教化，絜诚以祭祀。北至于幽陵③，南至于交趾④，西至于流沙⑤，东至于蟠木⑥。动静之物⑦，大小之神⑧，日月所照，莫不砥属⑨。

◎**注释**　①〔静渊〕沉静渊深。②〔疏通〕通达。③〔幽陵〕亦作"幽都""幽州"，泛指北方。④〔交趾〕交州，泛指五岭以南和越南北部地区。⑤〔流沙〕河名，即弱水也，后称居延泽、居延海，流经青海、甘肃、内蒙古三省。⑥〔蟠木〕扶桑之木，生于荒地。指今山东省。⑦〔动静之物〕动物谓鸟兽类，静物谓草木类。⑧〔大小之神〕大谓五岳四渎，小谓丘陵坟衍。⑨〔砥属〕砥，平也。平服归属。

◎**大意**　高阳是黄帝的孙子，也就是昌意的儿子。他镇静深沉而有谋略，疏朗通达而识时务；杂植各种作物以尽地力，观察天象变化以记载时令，依据鬼神的启示以制定礼仪，用教化来陶冶人民的气质，斋戒沐浴来诚心地祭祀天地神灵。他往北到达幽陵，往南到达交趾，往西到达流沙，往东到达蟠木。各种动物植物，各列山岳河流之神，凡是阳光所照耀的地方，没有谁不归附他。

帝颛顼生子曰穷蝉。颛顼崩，而玄嚣之孙高辛立，是为帝喾。

◎**大意** 帝颛顼生的儿子叫穷蝉。颛顼逝世，玄嚣的孙子高辛登位，这就是帝喾。

帝喾高辛者，黄帝之曾孙也。高辛父曰蟜极，蟜极父曰玄嚣，玄嚣父曰黄帝。自玄嚣与蟜极皆不得在位，至高辛即帝位。高辛于颛顼为族子。

◎**大意** 帝喾高辛，是黄帝的曾孙。高辛的父亲叫蟜（jiǎo）极，蟜极的父亲叫玄嚣，玄嚣的父亲便是黄帝。自玄嚣到蟜极都没有登上帝位，到高辛才即帝位。高辛是颛顼的堂侄。

高辛生而神灵，自言其名。普施利物，不于其身①。聪以知远，明以察微。顺天之义，知民之急。仁而威，惠而信，修身而天下服。取地之财而节用之，抚教万民而利诲之，历日月而迎送之，明鬼神而敬事之。其色郁郁②，其德嶷嶷。其动也时，其服也士③。帝喾溉执中而遍天下④，日月所照，风雨所至，莫不从服。

◎**注释** ①〔普施利物，不于其身〕普遍地推施恩德于他人，而不为自身的利益。②〔郁郁〕犹穆穆也。③〔其动也时，其服也士〕举动应天时，衣服服士服，言其公且廉也。④〔溉执中而遍天下〕治民若水之灌溉，平等而执中正。

◎**大意** 高辛出生便显出神灵，说出了自己的名字。他广施恩泽，普利万物，不顾念自身。他耳聪善听，能了解远方的情况，目明善察，能通晓精微的道理。他顺应上天的旨意，深知民众的急需。仁爱而威严，宽厚而守信，洁身自好而天下归服。他从土地上获取物产而能节约使用，安抚教育民众而能因势利导，根据日月运行的规律定出历法，并按时迎送节气，了解鬼神而恭敬地侍奉他们。他神态端庄，品德高尚。举止适合时宜，衣着朴素如同士人。帝喾治理天下像流水灌溉大地一样均匀中正，恩德遍及天下，凡日月照耀、风雨润泽的地方，没有谁不归附他。

帝喾娶陈锋氏女，生放勋。娶娵訾氏女，生挚。帝喾崩，而挚代立。帝挚立，不善，崩，而弟放勋立，是为帝尧。

◎**大意** 帝喾娶了陈锋氏之女，生了放勋。娶了娵訾（jū

zī）氏之女，生了挚。帝喾逝世，由挚继位。帝挚即位后，不能很好地治理国家，死后由其弟放勋继位，这就是帝尧。

帝尧者，放勋。其仁如天①，其知如神②。就③之如日④，望之如云⑤。富而不骄，贵而不舒⑥。黄收⑦纯⑧衣，彤车乘白马。能明驯⑨德，以亲九族⑩。九族既⑪睦，便章⑫百姓。百姓昭明，合和万国。

◎**注释** ①〔如天〕如天之涵养。②〔如神〕如神之微妙。③〔就〕靠近。④〔如日〕如日之照临，人皆靠近。⑤〔如云〕如云之覆渥，人皆仰望。⑥〔舒〕慢，怠慢。⑦〔收〕冕名。⑧〔纯〕或通"缁"（zī），黑色。或当读"黗"（tún），深黄色。⑨〔驯〕顺。⑩〔九族〕上至高祖下至玄孙。父族四、母族三、妻族二。⑪〔既〕尽。⑫〔便章〕便，通"辨"，别也。章，明也。

◎**大意** 帝尧，就是放勋。他像天一样仁爱，像神一样聪明。接近他像太阳一样温暖，远望他就如云霞一样灿烂。他富有而不骄纵，尊贵而不傲慢。头戴黄色帽子，身穿黑色衣服，坐着白马拉的红车。他能够倡明自己恭顺高尚的品德，使众多的族姓亲近和睦。众多的族姓和睦以后，又明确划分百官的职责。百官各尽其职以后，各地部落都和睦合作。

乃命羲、和①，敬顺昊天②，数法日月星辰，敬授民时。分命羲

仲③，居郁夷④，曰旸谷⑤。敬道日出，便程⑥东作⑦。日中⑧，星
鸟⑨，以殷⑩中春。其民析⑪，鸟兽字微⑫。申⑬命羲叔⑭，居南
交⑮。便程南为⑯，敬致⑰。日永⑱，星火⑲，以正中夏。其民因⑳，
鸟兽希革㉑。申命和仲㉒，居西土，曰昧谷㉓。敬道日入，便程西
成㉔。夜中㉕，星虚㉖，以正中秋。其民夷易㉗，鸟兽毛毨㉘。申命和
叔㉙，居北方，曰幽都㉚。便在伏物㉛。日短㉜，星昴㉝，以正中冬。
其民燠㉞，鸟兽氄毛㉟。岁三百六十六日，以闰月正四时。信饬百
官，众功皆兴。

◎注释 ①〔羲、和〕官名。羲氏在颛顼帝时名重，掌天
官；和氏在颛顼帝时名黎，掌地官。②〔昊天〕元气广大。
③〔羲仲〕官名，治东方，掌春事。④〔郁夷〕青州之地，指
今朝鲜半岛。⑤〔旸谷〕日出之地。⑥〔便程〕亦作"平
秩"，平均次序。⑦〔作〕耕作。⑧〔日中〕昼夜平分，指春
分。⑨〔星鸟〕南方朱鸟（朱雀）七宿之星。⑩〔殷〕正，推
定。⑪〔析〕散，指使民散入野外耕田。⑫〔字微〕字，通
"孳"，乳化（生产为乳，胎运为化）曰孳。微，通"尾"，
交接曰尾。指鸟兽繁殖交配。⑬〔申〕重，又。⑭〔羲叔〕官
名，治南方，掌夏事。⑮〔南交〕交州之地，指今越南。
⑯〔为〕耕作。⑰〔敬致〕即恭敬致日，致日即测日影。
⑱〔日永〕日长夜短，指夏至。⑲〔星火〕东方苍龙七宿之
星。⑳〔因〕就高。仲夏暑胜而高处凉爽。㉑〔希革〕稀少变
革。㉒〔和仲〕官名，治西方，掌秋事。㉓〔昧谷〕日入之

地。㉔〔成〕成熟。㉕〔夜中〕昼夜等长，指秋分。㉖〔星虚〕北方玄武七宿之星。㉗〔夷易〕平夷无事。㉘〔毛毨〕毨，理也。更生新毛。㉙〔和叔〕官名，治北方，掌冬事。㉚〔幽都〕幽州之地，指今北京。㉛〔伏物〕万物藏伏。㉜〔日短〕昼短夜长，指冬至。㉝〔星昴〕西方白虎七宿之星。㉞〔燠〕室内。㉟〔氄毛〕细柔之毛以保暖。

◎**大意**　尧于是命令羲氏、和氏，恭敬地顺应上天的旨意，根据日月星辰的运行规律定出历法，郑重地教导百姓耕种收割的时令。尧命羲仲住在郁夷，那地方叫旸谷。羲仲恭敬地迎接朝阳的升起，有秩序地安排好春季的耕种。根据春分那一天黄昏时正南方鸟星的出现，确定仲春的节候。春天民众分散耕作，鸟兽交尾生育。尧命令羲叔住在南交，让他有秩序地安排好夏季的农事，恭敬地祭日并记下日影的长短以不违农时。羲叔根据夏至那一天心宿出现在正南方，确定仲夏的节候。夏天人们仍在田间耕作，鸟兽的羽毛变得稀疏。尧又命令和仲住在西方叫昧谷的地方，让他恭敬地礼送太阳落下去，有秩序地安排好秋收的工作。和仲根据秋分那一天虚宿出现在正南方，确定仲秋的节候。秋天民众生活安逸愉快，鸟兽长出了新羽毛。尧再命令和叔住在北方叫幽都的地方，让他注意收藏过冬的物资。和叔根据冬至那一天昴宿出现在正南方，确定仲冬的节候。冬天人们入室取暖，鸟兽也长出了御寒的细绒毛。尧确定一年有三百六十六天，用置润的办法调节四季时令的误差。尧还按时告诫百官，各种事业都欣欣向荣。

尧曰："谁可顺此事①？"放齐曰："嗣子丹朱开明。"尧曰："吁！顽凶②，不用。"尧又曰："谁可者？"驩兜曰："共工旁聚布功③，可用。"尧曰："共工善言，其用僻④，似恭漫天⑤，不可。"尧又曰："嗟，四岳⑥，汤汤洪水滔天，浩浩怀山襄陵⑦，下民其忧，有能使治者？"皆曰鲧可。尧曰："鲧负命毁族⑧，不可。"岳曰："异哉⑨，试不可用而已。"尧于是听岳用鲧。九岁，功用不成。

◎**注释**　①〔顺此事〕登用嗣位。②〔顽凶〕顽嚚而好争讼。③〔旁聚布功〕类聚而布其功。④〔用僻〕办事乖僻。用意邪僻。⑤〔似恭漫天〕漫天，连上天都怠慢。指外貌好似恭顺，内心却骄纵。⑥〔四岳〕官名，四时之官，掌四方诸侯之事。⑦〔浩浩怀山襄陵〕（洪水）奔腾涤荡，包围了山，漫过了陵。⑧〔负命毁族〕违负命令，毁败亲族。⑨〔异哉〕惊叹之辞。强举之辞。

◎**大意**　尧说："谁能继承我的事业？"放齐说："你的长子丹朱通达聪明。"尧说："唉！他顽劣好争辩，不可任用。"尧又问："谁可以？"驩兜（huān dōu）说："共工广泛地聚集民众开展工作，可以任用。"尧说："共工巧言善辩，而用心邪僻，外表好似恭顺，但内心连天都敢欺骗，不可任用。"尧又问："唉，四岳啊，洪水滔天，浩浩荡荡，包围山岭，淹没高地，居于低下之地的人民十分忧愁，有谁能去治理水患？"都说鲧可以胜任。尧说："鲧违背教化命令，毁败同族之人，不可任用。"四岳说："鲧不同于其他人，就让他试试吧。"尧于是听从四岳意见，让鲧治水。结果鲧治水九年，一无所成。

尧曰："嗟！四岳：朕①在位七十载，汝能庸命②，践③朕位？"岳应曰："鄙德④忝⑤帝位。"尧曰："悉举贵戚⑥及疏远隐匿⑦者。"众皆言于尧曰："有矜⑧在民间，曰虞舜。"尧曰："然，朕闻之。其何如？"岳曰："盲者子。父顽⑨，母嚚⑩，弟傲，能和以孝，烝烝⑪治，不至奸⑫。"尧曰："吾其试哉。"于是尧妻之二女，观其德于二女。舜饬下⑬二女于妫汭⑭，如⑮妇礼。尧善之，乃使舜慎和五典⑯，五典能从⑰。乃遍入⑱百官，百官时序⑲。宾于四门⑳，四门穆穆㉑，诸侯远方㉒宾客皆敬。尧使舜入山林川泽，暴风雷雨，舜行不迷。尧以为圣㉓，召舜曰："女谋事至而言可绩，三年矣。女登帝位。"舜让于德不怿㉔。正月上日㉕，舜受终㉖于文祖㉗。文祖者，尧大祖也。

◎**注释** ①〔朕〕我。天子专称朕，自秦始。②〔庸命〕用天命。③〔践〕继承。④〔鄙德〕谦词，鄙陋之德，微德。⑤〔忝〕谦词，辱，不配、有愧于。⑥〔贵戚〕显贵的人。⑦〔疏远隐匿〕地位低，名声小。⑧〔矜〕无妻曰矜。⑨〔顽〕不仁。⑩〔嚚〕不信。⑪〔烝烝〕形容孝德厚美。⑫〔不至奸〕不使至于奸恶。⑬〔饬下〕整齐，以义理降之。⑭〔妫（guī）汭（ruì）〕水名，在今山西省运城市永济县。

⑮〔如〕遵照、遵循、依从。⑯〔五典〕父子有亲，君臣有义，夫妇有别，长幼有序，朋友有信，谓之五典。⑰〔从〕顺。⑱〔遍入〕遍选。⑲〔时序〕承顺。⑳〔宾于四门〕以宾礼迎接四方诸侯。㉑〔穆穆〕和敬的样子。㉒〔诸侯远方〕诸侯，由政治隶属关系的氏族部落。远方，只有邦交而并无政治隶属关系。㉓〔圣〕才德俱美，无所不通。㉔〔德不怿〕德不能使人悦服。㉕〔上日〕元日，朔日，第一日。吉日。㉖〔受终〕就政而不就位，指居摄。㉗〔文祖〕尧太祖，指黄帝。

◎**大意**　尧说："唉！四岳：我在位已经七十年，谁能按照天命行事，继承我的职位？"岳回答说："我们鄙陋无德，恐怕辱没了帝王的职位。"尧说："那就请你们推举所有亲近的贵戚和疏远隐居的人。"大家都对尧说："民间有个单身之人，名叫虞舜。"尧说："对，我听说过。他怎么样？"岳说："他是一个盲人的儿子。父亲不讲德义，母亲愚昧顽固，弟弟傲慢，但是舜能以孝悌之道与他们和睦相处，使他们能以厚道治身，不做坏事。"尧说："让我考验一下他吧！"于是尧把自己的两个女儿嫁给舜，从舜对待他两个女儿的行事中考察舜的德行。舜让尧的两个女儿放下身份住在妫水北岸，遵守做媳妇的礼节。尧认为舜这样做很好，于是让他审慎地宣扬五种伦理道德，百姓都能遵从。于是又让舜总领百官职事，各种职事都办得井井有条。让他到明堂四方之门主持接待宾客事宜，四方诸侯都庄重和睦，前来朝拜的部落首领和远方的客人都敬重他。尧使舜进入山林川泽，遇到暴风雷雨，他从不迷失方向。尧认为舜具有高超的智慧和道德，召见他说："你考虑事情详尽周到，并且所说之事都能取得成效，已经过了三年。你继承帝位吧。"舜谦让说德行还不够，还不能让别人悦服。正月初一，舜在文祖庙接受尧的禅让。文祖，是尧的始祖。

于是帝尧老，命舜摄行天子之政，以观天命。舜乃在璇玑①玉衡②，以齐七政③。遂类于上帝④，禋⑤于六宗⑥，望⑦于山川，辩⑧于群神⑨。揖⑩五瑞⑪，择吉月日，见四岳诸牧⑫，班瑞⑬。岁二月，东巡狩⑭，至于岱宗⑮，柴⑯，望秩于山川⑰。遂见东方君长⑱，合时月正日⑲，同律度量衡⑳，修五礼㉑五玉㉒，三帛㉒二生㉓一死㉔为挚㉕，如五器㉖，卒乃复㉗。五月，南巡狩；八月，西巡狩；十一月，北巡狩：皆如初。归，至于祖祢庙㉘，用特牛礼㉙。五岁一巡狩，群后㉚四朝㉛。遍告以言㉜，明试以功㉝，车服以庸㉞。肇十有二州㉟，决川。象以典刑㊱，流宥五刑㊲，鞭作官刑㊳，扑作教刑㊴，金作赎刑㊵。眚灾过，赦；怙终贼，刑㊶。钦㊷哉，钦哉，惟刑之静㊸哉！

◎**注释** ①〔璇玑〕北极星。浑天仪。②〔玉衡〕指大玉衡维斗六星（小玉衡为北斗）。③〔七政〕日、月、五星（金、木、水、火、土）。春、秋、冬、夏、天文、地理、人道。祭祀、班瑞、东巡、南巡、西巡、北巡、归祖。④〔类于上帝〕类，祭祀。上帝，天神。指祭天。⑤〔禋〕同"烟"，祭祀。⑥〔六宗〕星、辰、司中、司命、风师、雨师。
⑦〔望〕祭祀。⑧〔遍〕祭祀。⑨〔群神〕丘陵坟衍之属。
⑩〔揖〕敛，收集。⑪〔五瑞〕珪、璧、琮、璜、璋等玉器。
⑫〔四岳诸牧〕四方诸侯，指各氏族部落首领。⑬〔班瑞〕颁
还符瑞于诸侯。⑭〔巡狩〕天子巡行视察诸侯。⑮〔岱宗〕东
岳泰山。⑯〔柴〕焚柴而祭。⑰〔望秩于山川〕依次祭祀山
川。五岳视三公，四渎视诸侯，其余小者或视卿大夫，或视伯
子男。⑱〔君长〕氏族部落首领。⑲〔合时月正日〕合正四
时、十二月、三百六十六日。⑳〔同律度量衡〕整齐十二律，
尺丈之度，斗斛之量，斤两之衡。㉑〔五礼〕吉、凶、宾、
军、嘉。㉒〔五玉〕五瑞。应为"五乐"，指春则琴瑟，夏则
竽笙，季夏则鼓，秋则钟，冬则磬。㉓〔二生〕羔、雁。
㉔〔一死〕雉。㉕〔挚〕至信之物。㉖〔五器〕五礼之器。
㉗〔卒乃复〕事毕复归。㉘〔祖祢庙〕尧之祖祢，非舜之父。
㉙〔用特牛礼〕以一牛祭祖，礼简而不繁。㉚〔群后〕四方诸
侯。㉛〔四朝〕巡狩之年，诸侯见天子于方岳之下。其间四
年，诸侯分别来朝于京师。诸侯朝天子，为助祭和述职。
㉜〔遍告以言〕普遍报告治理天下的情况。㉝〔明试以功〕考
征治事之功。㉞〔车服以庸〕以车服酬劳赏罚。㉟〔肇十有二
州〕肇，始也。十二州，自然地理概念，非行政单位，为确
指。㊱〔象以典刑〕象，画五刑之状以示人。典，常也。五
刑，墨、劓、剕、宫、大辟。㊲〔流宥五刑〕以流放之法宽五
刑。㊳〔鞭作官刑〕鞭，垂革条于木末。官刑，官府内部之

刑。㊴〔扑作教刑〕扑，荆条楸木。教刑，学校教诲之刑。

㊵〔扑作教刑〕以铜（金色）赎刑（以黄金赎刑为汉及以后事）。㊶〔眚灾过，赦；怙终贼，刑〕过而能改，可赦；罪而再犯，当刑。㊷〔钦〕敬慎。㊸〔静〕冷静审慎。

◎**大意** 这时帝尧年老，让舜代替他执行天子的政事，以观察天意。舜便用玉装饰的观天仪器来审视天象，定准日月五星的方位。他祭祀上帝，祭祀六类神祇，遥祭名山大川，遍祭群神。他收集五种玉器符信，选择吉月吉日，召见四方诸侯，颁发收集的玉器符信。这年二月，舜前去东方巡视，一直到达泰山，烧柴祭天，按次第遥祭东方名山大川。他召见东方各诸侯，协调季节和月份，校正每日的时刻，统一音律和度量衡，制定了五种礼仪，规定诸侯用五玉三帛、卿大夫用二牲、士用死雉作为相见时所执的礼物，并验证诸侯拜会的礼物玉器，礼毕后仍还给他们。五月，他到南方视察；八月，到西方视察；十一月，到北方视察：都像开始视察东方一样。舜回来后，到祖庙和文庙里祭祀，用一头整牛作为祭品。舜每五年到各地巡视一次，四方诸侯四年来京师朝见一次。舜向每位诸侯讲明治理国家的方法，公开考察他们的政绩，赐给成绩突出者车骑和服饰。舜开始分天下为十二州，疏通河道。他把正常的刑律刻在器物上，用流放的办法从宽处理触犯五刑的人，官府治事用鞭刑，学校管理用戒尺处罚，犯轻罪的人可用金钱赎罪。他对无意犯过而造成灾害的人，予以赦免；对作恶不改的人，绳之以法。谨慎啊，谨慎啊，施用刑罚千万要平稳公正！

驩兜①进言共工，尧曰不可，而试之工师，共工果淫辟②。四岳举鲧治鸿水，尧以为不可，岳强请试之，试之而无功，故百姓不便。三苗③在江淮、荆州数为乱。于是舜归而言于帝，请流共工于幽陵，以变④北狄；放驩兜于崇山⑤，以变南蛮；迁三苗于三危⑥，以变西戎；殛⑦鲧于羽山⑧，以变东夷：四罪⑨而天下⑩咸服⑪。

◎**注释** ①〔驩兜〕亦作"驩头""浑沌"，部落首领。②〔淫辟〕邪恶不正。③〔三苗〕氏族部落名，在今湖北、湖南、江西等地。④〔变〕改变别人。被别人改变。⑤〔崇山〕在今湖南省大庸县。⑥〔三危〕在今甘肃省敦煌市。⑦〔殛〕放逐。⑧〔羽山〕在今山东省烟台市。⑨〔四罪〕四，指共工、驩兜、三苗、鲧。罪，指流、放、迁、殛。⑩〔天下〕华夏族的部落联盟与四裔的异族部落。⑪〔服〕心服于舜用刑当其罪。

◎**大意** 驩兜向尧推荐共工，尧说不可重用，试用为工师，共工果然放纵邪僻。四岳推举鲧治洪水，尧认为不可，四岳一再请求试用，结果毫无成就，所以百姓都认为鲧不称职。三苗在江淮流域、荆州一带多次作乱。于是舜视察归来便向尧报告，请求把共工流放到幽陵，让他改变北狄的风俗；把驩兜流放到崇山，让他改变南蛮的风俗；把三苗驱逐到三危，让他改变西戎的风俗；把鲧流放到羽山，让他改变东夷的风俗：依法惩处了这四个罪人，天下人都心悦诚服。

　　尧立七十年得舜，二十年而老，令舜摄行天子之政，荐之于天。尧辟位①凡二十八年②而崩。百姓③悲哀，如丧父母。三年，四方④莫举乐，以思尧。尧之子丹朱之不肖⑤，不足授天下，于是乃权授舜。授舜，则天下得其利而丹朱病；授丹朱，则天下病而丹朱得其利。尧曰"终不以天下之病而利一人"，而卒授舜以天下。尧崩，三年之丧毕，舜让辟丹朱于南河之南⑥。诸侯朝觐⑦者不之丹朱而之舜，狱讼者不之丹朱而之舜，讴歌者不讴歌丹朱而讴歌舜。舜曰"天也"，夫而后之中国⑧践天子位焉，是为帝舜。

　　◎注释　①〔辟位〕得舜而以舜为令。②〔二十八年〕得舜二十年，舜摄政八年。③〔百姓〕畿内氏族部落的人民。④〔四方〕畿外氏族部落的人民，同"万国"。⑤〔不肖〕傲虐，不似其父。⑥〔南河之南〕南河，九河最南。南河之南，指远离行政中心。⑦〔朝觐〕诸侯在春秋两季拜见天子。春曰朝，秋曰觐。⑧〔中国〕国都之中。

　　◎大意　尧在位七十年而得到舜，二十年后退位，令舜执行天子之职，并向上天推荐舜。尧退位后二十八年去世。百姓悲份哀痛，像是父母去世一样。三年内，四方无人奏乐，以表示对尧的哀思。当初尧深知儿子丹朱不贤，不能把天下大权交给他，手是采取权宜之计让位给舜。让位给舜，天下人受益而丹朱痛苦；传位给丹朱，天下人受害而丹朱获利。尧说"绝对不能使天下人受害而让一人得利"，最终把天下传给了舜。尧去世后，三年丧期结束，舜让位给丹朱，而自己躲到南河的南岸。朝舜的诸侯不到丹朱那里去却来朝见舜，打官司的人不去找丹朱而去找舜，歌功颂德的人不歌颂丹朱而歌颂舜。舜说："这是天意吧！"于是前往都城登上天子位，这就是帝舜。

虞①舜者，名曰重华。重华父曰瞽叟，瞽叟父曰桥牛，桥牛父曰句望，句望父曰敬康，敬康父曰穷蝉，穷蝉父曰帝颛顼，颛顼父曰昌意②：以至舜七世矣。自从穷蝉以至帝舜，皆微为庶人③。

◎**注释** ①〔虞〕国名，在今山西省运城市永济市。②〔颛顼父曰昌意〕直追至昌意，以应《黄帝纪》。③〔微为庶人〕指地位卑贱。

◎**大意** 虞舜，名叫重华。重华的父亲叫瞽叟，瞽叟的父亲叫桥牛，桥牛的父亲叫句望，句望的父亲叫敬康，敬康的父亲叫穷蝉，穷蝉的父亲就是帝颛顼，颛顼的父亲叫昌意：到舜已经七代了。从穷蝉到帝舜，都是地位卑微的百姓。

舜父瞽叟盲，而舜母死，瞽叟更娶妻而生象，象傲。瞽叟爱后妻子，常欲杀舜，舜避逃；及有小过，则受罪。舜事父及后母与弟，日以笃谨，匪有解①。

◎**注释** ①〔解〕通"懈"，懈怠。

◎**大意** 舜的父亲瞽叟眼睛瞎了，而舜的母亲死后，瞽叟又娶妻生了个儿子名叫象，象为人傲慢。瞽叟偏爱后妻的儿子，常常想要杀死舜，舜都逃过了；遇到有小的过失，舜便接受处罚。他恭顺地侍奉父亲、后母和弟弟，每天都诚恳谨慎，从不懈怠。

舜，冀州①之人也。舜耕历山②，渔雷泽，陶河滨，作什器③于寿丘，就时什器于负夏。舜父瞽叟顽，母嚚，弟象傲，皆欲杀舜。舜顺适不失子道，兄弟孝慈。欲杀，不可得；即求，尝在侧。

◎**注释** ①〔冀州〕古九州之一，相当于今山西、河南北部及河北省大部。②〔历山〕在今山西省永济市。③〔什器〕家常日用之器。④〔就时〕犹逐时，指乘时射利。

◎**大意** 舜是冀州人。他曾在历山耕地，在雷泽捕鱼，在河岸边制作陶器，在寿丘制作日用之器，在负夏经商。他的父亲瞽叟凶暴，后母愚顽，弟弟为人傲慢，他们都想杀死舜。舜顺从而不失为子之道，对弟弟尽兄长之道，对父母尽孝道。他们想要杀他，但怎么也抓不到；如果有事找他，他又常常在身边。

舜年二十以孝闻①。三十而帝尧问可用②者，四岳咸荐虞舜，曰可。于是尧乃以二女妻舜以观其内，使九男与处以观其外。舜居妫汭，内行弥谨。尧二女不敢以贵骄事舜亲戚③，甚有妇道。尧九男皆益笃④。舜耕历山，历山之人皆让畔⑤；渔雷泽，雷泽上人皆让居；陶河滨，河滨器皆不苦窳⑥。一年而所居成聚⑦，二年成邑，三年成都。尧乃赐舜绤衣⑧，与琴，为筑仓廪，予牛羊。瞽叟尚复欲杀之，使舜上涂廪⑨，瞽叟从下纵火焚廪。舜乃以两笠⑩自扞⑪而下，去，得不死。后瞽叟又使舜穿井，舜穿井为匿空旁出。舜既入深，瞽叟与象共下土实井，舜从匿空出，去。瞽叟、象喜，以舜为已死。象曰："本谋者象。"象与其父母分，于是曰："舜妻尧二女，与琴，象取之。牛羊仓廪予父母。"象乃止舜宫⑫居，鼓其琴。舜往见之。象鄂⑬不怿⑭，曰："我思舜正郁陶⑮！"舜曰："然，尔其庶⑯矣！"舜复事瞽叟爱弟弥谨。于是尧乃试舜五典百官，皆治。

◎**注释** ①〔以孝闻〕以孝闻名天下。②〔可用〕可为天子也。③〔舜亲戚〕指舜顽父，嚚母，傲弟。④〔笃〕惇厚。⑤〔让畔〕互让田界。⑥〔苦窳（yǔ）〕粗糙劣质。⑦〔聚〕指村落。⑧〔绤（chī）衣〕细葛布衣。⑨〔涂廪〕以泥土堵塞仓廪漏洞之处。⑩〔笠〕竹篾所编的斗笠。⑪〔扞（hàn）〕支持保护。⑫〔宫〕即室。⑬〔鄂〕通"愕"，惊愕。⑭〔怿〕欢喜。⑮〔郁陶〕忧伤。⑯〔庶〕宗法制度下家庭的旁支，与"嫡"相对，此指兄弟。

◎**大意** 舜二十岁的时候以孝闻名。三十岁时，帝尧问任用谁治理天下，四岳都推荐舜，说他可以。于是尧把两个女儿嫁给舜，来观察他怎样治家；又派九个儿子与舜相处，以观察他怎样处世。舜居住在妫汭，在家里行为认真不苟。尧的两个女儿不敢因为身份高贵而骄横地对待舜的家人，非常遵守做媳妇的礼节。尧的九个儿子也都更加诚实厚道。舜在历山耕种，历山的人都互让田地边界；在雷泽捕鱼，雷泽周围的人都互让居住的地方；在黄河岸边制作陶器，生产的陶器没有粗制滥造的。他居住的地方一年间成了村落，两年成了集镇，三年成为都市。尧于是赐给舜细葛布做的衣服和琴，给他修筑粮仓，赐给他牛羊。瞽叟还是想杀死舜，他让舜用泥涂抹粮仓屋顶，自己却在下面纵火烧仓。舜于是拿着两顶斗笠护持自己往下跳，逃走了，没被烧死。后来瞽叟又让舜打井，舜在井壁上打了一个可以藏身和升出的支洞。舜凿到深处以后，瞽叟与象一起倒土填井，舜从藏身的支洞走出，脱险而去。瞽叟和象很高兴，以为舜已死。象说："出主意的是我。"象和他的父母瓜分舜的财物，这时象说："舜的妻子和琴，由我收取；牛羊和仓廪，分给父母。"于是象在舜的屋中住下，弹着舜的琴。舜前去见他，象惊愕然不悦，说："我正想你想得愁闷苦痛！"舜说："这样的话，你就差不多像个弟弟了！"舜以后侍奉瞽叟、友爱弟弟更加仔细小心。于是尧便试用舜推行五教，治理百官，舜都做得很好。

昔高阳氏有才子八人，世得其利，谓之"八恺"。高辛氏有才子八人，世谓之"八元"。此十六族者，世济^①其美，不陨^②其名。至于尧，尧未能举。舜举八恺，使主后土^③，以揆^④百事，莫不时序^⑤。举八元，使布五教^⑥于四方，父义，母慈，兄友，弟恭，子孝，内平外成^⑦。

◎**注释**　①〔济〕补益。②〔陨〕毁坏。③〔后土〕官名，掌土地之事。④〔揆〕揣测，掌管。⑤〔时序〕以时有序。⑥〔五教〕指后文所述义、慈、友、恭、孝。⑦〔内平外成〕内诸夏外夷狄也，指诸夏太平，夷狄向化。

◎**大意**　从前高阳氏有八位才德兼备的人，世人得其利，把他们叫作"八恺"。高辛氏有八位德才兼备的人，世人称作"八元"。这十六个家族，世代都能发扬他们的美德，没有损伤过他们的名誉。到尧的时候，尧没有起用他们。舜任用八恺，让他们管理农业。他们规划安排各项事务都井井有条。舜任用八元，让他们到四方传布五伦之教，使父亲威严，母亲慈爱，哥哥友善，弟弟恭敬，儿子孝顺，家内和睦，邻里融洽。

昔帝鸿氏有不才子，掩义隐贼①，好行凶慝②，天下谓之浑沌。少暤氏有不才子，毁信恶忠③，崇饰恶言，天下谓之穷奇。颛顼氏有不才子，不可教训，不知话言④，天下谓之梼杌⑤。此三族世忧之。至于尧，尧未能去。缙云氏有不才子，贪于饮食，冒⑥于货贿，天下谓之饕餮。天下恶之，比之三凶。舜宾于四门，乃流四凶族，迁于四裔⑦，以御螭魅⑧，于是四门辟⑨，言毋⑩凶人也。

◎**注释**　①〔掩义隐贼〕义，通"俄"，邪也。指掩盖隐藏邪恶贼害之事。②〔凶慝（tè）〕凶暴邪恶。③〔毁信恶忠〕毁坏信义，憎恶忠直。④〔话言〕话，同"化"，感化。

⑤〔梼（táo）杌（wù）〕恶兽之名。⑥〔冒〕贪也。⑦〔四裔〕夷狄之总名。⑧〔螭（chī）魅〕传说山林中害人的怪物，亦喻各种坏人。⑨〔辟〕开。⑩〔毋〕没有。

◎**大意** 从前帝鸿氏有个不成材的后代，毁弃道义而包庇奸邪，好做凶暴邪恶之事，天下人叫他浑沌。少暤氏有个不成材的后代，毁坏信义而憎恶忠直，宣扬粉饰各种恶言恶语，天下人叫他穷奇。颛顼氏有个不成材的后代，不可教训，不懂什么是对他有益的善言，天下人叫他梼杌。对于这三个家族世人都感到忧虑。在尧的时代，尧没能除掉他们。缙云氏有个不成材的后代，沉溺酒食，贪爱财物，天下人叫他饕餮。天下人讨厌他，把他和上面的三凶同等看待。舜在四门主持接待宾客时，便流放了这四个凶恶的家族，把他们迁到四方边远之地，用以抵挡作恶之人。于是四门畅通无阻，再没有恶人了。

舜入于大麓①，烈风雷雨不迷，尧乃知舜之足授天下。尧老，使舜摄行天子政，巡狩。舜得举用事二十年，而尧使摄政。摄政八年而尧崩。三年丧毕，让丹朱，天下归舜。而禹、皋陶、契、后稷、伯夷、夔、龙、倕、益、彭祖自尧时而皆举用，未有分职。于是舜乃至于文祖，谋于四岳，辟四门②，明通四方耳目，命十二牧③论帝德④，行厚德，远佞人，则蛮夷率服⑤。

◎**注释** ①〔大麓（lù）〕广大的山林。总领天子之事。②〔辟四门〕开辟四方之门，来四方之贤。③〔十二牧〕盖四岳者，百官之长也。十二牧，诸侯之长也。④〔帝德〕帝尧之德。⑤〔蛮夷率服〕四方部族皆从服。

◎**大意**　舜进入山林，遇到暴风雷雨而不迷失方向，尧于是知道舜足以托付天下。尧年老后，让舜代替他执行天子的政务，到各地视察。舜被推举任事二十年，尧便让他代行天子之职。八年后尧逝世。三年之丧结束以后，舜让位给丹朱，但天下人都归顺于舜。而禹、皋陶、契、后稷、伯夷、夔、龙、垂、益、彭祖从尧在位时就被推举任事，但没有分配给他们专门的职守。于是舜便来到文祖庙，征求四岳的意见，并大开四门，倾听各方的意见，命令十二州的长官讨论帝王应有的品德，认为应该实行宽厚的政令，疏远谄媚的小人，就可使四方部族相率归服。

舜谓四岳曰："有能奋庸①美尧之事者，使居官相事？"皆曰："伯禹为司空，可美帝功。"舜曰："嗟，然！禹，汝平水土，维是勉哉。"禹拜稽首，让于稷、契与皋陶。舜曰："然，往矣。"舜曰："弃，黎民始饥②，汝后稷③，播时百谷④。"舜曰："契，百姓不亲，五品⑤不驯⑥，汝为司徒，而敬敷五教⑦，在宽⑧。"舜曰："皋陶，蛮夷猾夏⑨，寇贼奸轨⑩，汝作士⑪，五刑有服⑫，五服三就⑬；五流有度⑭，五度三居⑮：维明能信⑯。"舜曰："谁能驯予工⑰？"皆曰垂可。于是以垂为共工。舜曰："谁能驯予上下⑱草木鸟兽？"皆曰益可。于是以益为朕虞⑲。益拜稽首，让于诸臣朱虎、熊罴。舜曰："往矣，汝谐⑳。"遂以朱虎、熊罴为佐。舜曰："嗟！

四岳，有能典朕三礼㉑？"皆曰伯夷可。舜曰："嗟！伯夷，以汝为秩宗，夙夜维敬，直哉维静絜㉒。"伯夷让夔、龙。舜曰："然。以夔为典乐，教稚子㉓，直而温㉔，宽而栗㉕，刚而毋虐㉖，简而毋傲㉗；诗言意，歌长言㉘，声依永㉙，律和声㉚，八音㉛能谐，毋相夺伦㉜，神人以和㉝。"夔曰："于！予击石拊石㉞，百兽率舞㉟。"舜曰："龙，朕畏忌谗说殄伪㊱，振惊朕众㊲，命汝为纳言，夙夜出入朕命㊳，惟信。"舜曰："嗟！女二十有二人，敬哉，惟时相天事㊴。"三岁一考功㊵，三考绌陟㊶，远近众功咸兴。分北三苗㊷。

◎**注释** ①〔奋庸〕奋，明。庸，功。奋勉功劳。②〔始饥〕始，阻，厄也。指困厄于饥馑。③〔后稷〕主持农事。④〔播时百谷〕按时播殖百谷。⑤〔五品〕品，品级。指君臣、父子、夫妇、兄弟、朋友五者之品级。⑥〔驯〕顺。⑦〔敬敷五教〕敬慎施行五品之教。⑧〔在宽〕宽，宽柔。指强调礼教而不重刑罚。⑨〔猾夏〕侵乱中国。⑩〔寇贼奸轨〕强聚为寇，杀人为贼，在内为奸，在外为轨。⑪〔作士〕主持狱讼之事。⑫〔有服〕画衣冠以象刑。⑬〔三就〕五刑之服，有上中下三等：上刑赭衣不纯，中刑杂屦，下刑墨幪。⑭〔度〕流放之居地。⑮〔三居〕流放之地，有远近三地：四裔之外，九州之外，中国之外。⑯〔维明能信〕只有明断罪行，才能使人信服。⑰〔驯予工〕顺我百工之事。⑱〔上下〕上为山林，下为泽薮。⑲〔朕虞〕朕，我。虞，官名，掌山泽之事。⑳〔谐〕谐和。㉑〔三礼〕祀天神、祭地祇、享人鬼。

㉒〔静絜〕清明。㉓〔稺子〕稚子,未成年人。㉔〔直而温〕正直而温和。㉕〔宽而栗〕宽柔而庄重。㉖〔刚而毋虐〕刚强而不害人。㉗〔简而毋傲〕简易而不慢怠。㉘〔歌长言〕拉长声音歌唱。㉙〔声依永〕声音抑扬顿挫通过咏唱表现出来。㉚〔律和声〕宫商角徵羽五声与六律、六吕调和。㉛〔八音〕依乐器制作材料的不同,将乐器分为金(钟、镈、铙)、石(磬)、丝(琴、瑟)、竹(箫、篪)、匏(笙、竽)、土(埙、缶)。㉜〔毋相夺伦〕无不反映人伦政事。㉝〔神人以和〕神鬼人皆和谐。㉞〔拊石〕轻击为拊。石,石磬。㉟〔百兽率舞〕各种兽类依击磬的节拍跳舞。指装扮成野兽的人,跳起原始的狩猎舞。㊱〔谮说殄伪〕巧言邪谮之说,灭绝道德之行。㊲〔振惊朕众〕谓其骇众乱群也。㊳〔出入朕命〕传出命令与收集意见。㊴〔相天事〕视天所宜而行事。㊵〔考功〕核实功绩。㊶〔绌(chù)陟(zhì)〕谓人事之降升也。㊷〔分北三苗〕将三苗分别开来而流徙之。

◎**大意** 舜对四岳说:"有谁能奋力光大尧的事业,就让他担任官职辅佐我办事。"都说:"伯禹担任司空,可以光大尧的事业。"舜说:"啊,好!禹,你负责治理水土,望你努力啊!"禹叩头致谢,要让给后稷、契和皋陶。舜说:"众人推举你是对的,你就前去就职吧。"舜说:"弃,老百姓挨饥受饿,你掌管农事,负责播种百谷。"舜说:"契,百姓不和睦,父母兄弟子女不融洽,你去做司徒,敬慎施行五品之教,要宽柔。"舜说:"皋陶,蛮夷之人侵扰华夏,盗贼犯法作乱,你去担任主管刑法的长官，判处五刑时要轻重适中，判刑后要在三个不同的场所执行；将流放者依罪行轻重分为五等，五种流放之人按远近流徙到三个地方：只有公正严明才能叫人信服。"舜说："谁能替我主管百工事务？"都说垂可以。于是任命垂担任共工。舜说："谁能管理山林川泽草木鸟兽？"都说益可以。于是任命益担任掌管山泽的官职。益跪拜，要让给朱虎、熊罴。舜说："前去就任吧，你很合适。"便任命朱虎、熊罴作为益的助手。舜说："啊！四岳，有谁能主持祭祀天地宗庙的典礼？"都说伯夷可以。舜说："啊！伯夷，命你担任主持郊庙祭祀的职务，你每天都要虔诚恭敬，只有清明才能正直。"伯夷要把职务让给夔、龙。舜说："这样吧。命夔主管音乐，教育贵族子弟，使他们正直而温和，宽厚而严谨，刚正而不暴虐，简朴而不倨傲；用诗来表达思想感情，用歌咏来延长诗的音节，依照歌来制定乐曲，用音律使乐曲和谐，八种乐器的声音都能和谐，互不干扰，这样就会使神与人和谐。"夔说："啊！我敲打起各种石制乐器来，大家都会跳起行猎舞。"舜说："龙，我痛恨诬陷别人的坏话和残暴的行为，它惊扰我的人民，我命你担任传达王命的职务，每天传达我的旨意，力求真实。"舜说："啊！你们这二十二人，要严肃认真地任职，顺应天时天命来行事。"舜每三年考核一次大家的成绩，根据三次考核的情况分别给予降职或提升，无论远近，各种工作都振兴起来。又分化治理三苗部族。

此二十二人咸成厥功：皋陶为大理①，平，民各伏得其实；伯夷主礼，上下咸让；垂主工师，百工致功；益主虞，山泽辟；弃主稷，百谷时茂；契主司徒，百姓亲和；龙主宾客，远人至；十二牧行而九州莫敢辟违；唯禹之功为大，披九山②，通九泽③，决九河④，定九州⑤，各以其职来贡，不失厥宜⑥。方五千里，至于荒服⑦。南抚交趾、北发⑧，西戎、析枝、渠廋、氐、羌⑨，北山戎、发、息慎⑩，东长、鸟夷⑪，四海⑫之内咸戴帝舜之功。于是禹乃兴九招⑬之乐，致异物⑭，凤皇来翔。天下明德皆自虞帝始。

◎**注释**　①〔大理〕官名，掌刑法。②〔九山〕即岍（qiān）山、壶口、厎柱、太行、西倾、熊耳、嶓（bō）冢、内方、岷山。③〔九泽〕即大陆、夏雷、大野、彭蠡、震泽、云梦、荣波、菏泽、孟猪。④〔九河〕即弱、黑、河、漾、江、沇（yǎn）、淮、渭、洛九川。⑤〔九州〕即冀州、兖州、青州、徐州、扬州、荆州、豫州、梁州、雍州。⑥〔不失厥宜〕不失本州土地所宜产之物。⑦〔荒服〕极边远之地。古代从王畿向外以五百里为率，依次为五等，即甸服、侯服、绥服、要服、荒服。⑧〔交趾、北发〕南方部族名，在今两广之地。⑨〔戎、析枝、渠廋、氐、羌〕西方部族名，今甘肃古西戎地。⑩〔山戎、发、息慎〕北方部族名，在今辽东之地。⑪〔长、鸟夷〕长夷、鸟夷，东方部族名，在今山东，一说在今日本。⑫〔四海〕九夷、八狄、七戎、六蛮谓之四海，指中国之外。⑬〔九招〕即九韶，箫韶九成，故曰《九招》。

⑭〔致异物〕招致珍奇的动植物。

◎**大意** 这二十二个人都做出了他们的成绩：皋陶掌管司法，决断公平，民众都心说诚服于他断狱符合实际情况；伯夷主持礼仪，上下都互相谦让；垂掌管工匠，各种工匠都做出了成绩；益掌管山泽，山泽都得到开发利用；弃掌管农事，各种谷类都长得茂盛；契主管教化，百姓都亲近和睦；龙主管迎宾送客的礼仪，远方之人都前来归服；十二州的地方长官尽力办事而全国各地没有谁敢逃避违抗；禹的成就最大，他开辟九州的山岭，治理九州的湖泽，疏通九州的河流，划定九州地界，九州长官各自以其职务来朝贡，一切都不违背当地的实际。全国方圆五千里，疆域扩展到边陲的荒服。向南安抚交 、北发之地的民众，向西安抚戎、析枝、渠廋、氏、羌等部族，向北安抚山戎、发、息慎等部族，向东安抚长、鸟夷等部族，全国上下都推崇帝舜的功德。于是禹制作《九招》乐曲，招致珍奇异物，凤凰在国都上空飞翔。天下的文明德政都从虞舜时代开始。

舜年二十以孝闻，年三十尧举之，年五十摄行天子事，年五十八尧崩，年六十一代尧践帝位。践帝位三十九年，南巡狩，崩于苍梧①之野。葬于江南九疑，是为零陵②。舜之践帝位，载天子旗，往朝父瞽叟，夔夔③唯谨，如子道。封弟象为诸侯。舜子商均亦不肖，舜乃豫荐禹于天。十七年而崩。三年丧毕，禹亦乃让舜子，如舜让尧子。诸侯归之，然后禹践天子位。尧子丹朱，舜子商均，皆有疆土，以奉先祀④。服其服，礼乐如之⑤。以客见天子，天子弗臣⑥，示不敢专⑦也。

◎**注释** ①〔苍梧〕山名，即九嶷山，在今湖南省宁远县。②〔零陵〕苍梧、九疑、零陵为一地。③〔夔夔〕和敬貌。④〔奉先祀〕奉行祖先的祭祀。⑤〔服其服，礼乐如之〕古代王朝改易，要一并改换服色和礼乐，夏朝不改服、礼、乐，以示特殊尊重。⑥〔弗臣〕不视之为臣。⑦〔专〕专擅帝位。

◎**大意** 舜二十岁时以孝闻名，三十岁时被尧起用，五十岁时代理天子政务，五十八岁时尧逝世，六十一岁时接替尧登上帝位。登帝位后三十九年，舜到南方巡狩，在苍梧之野逝世。舜被葬在长江以南的九嶷山，就是零陵。舜登上帝位时，车上插着天子的旗帜，前去朝见父亲瞽叟，恭敬谨镇，很合乎做儿子的礼节。封弟弟象为诸侯。舜的儿子商均不成材，舜便预先向上天推荐禹。十七年后舜逝世。三年丧服完毕，禹让位给舜的儿子，像舜让位给尧的儿子一样。但诸侯都归附禹，然后禹登上天子位。尧的儿子丹朱、舜的儿子商均都有封地，以祭祀他们的祖先。他们穿着各自祖传的服饰，用他们祖先的礼乐。以宾客的身份拜见天子，禹不把他们当作臣民对待，表示自己不敢专擅帝位。

自黄帝至舜、禹，皆同姓而异其国号，以章明德①。故黄帝为有熊，帝颛顼为高阳，帝喾为高辛，帝尧为陶唐，帝舜为有虞。帝禹为夏后而别氏②，姓姒氏。契为商，姓子氏。弃为周，姓姬氏。

◎**注释**　①〔明德〕上古者，同德者同姓，异德者异姓。②〔别氏〕上古时期，姓是族号，氏是分支号。姓者，所以统系百世，使不别也。氏者，所以别子孙之所出。

◎**大意**　从黄帝到舜、禹，同出一姓而国号不同，以显示各自光明的德行。所以黄帝号有熊，帝颛顼号高阳，帝喾号高辛，帝尧号陶唐，帝舜号有虞。帝禹号夏后而另有姓氏，姓姒（si）。契是商代的祖先，姓子。弃是周代的祖先，姓姬。

太史公①曰：学者多称五帝，尚②矣。然《尚书》独载尧以来；而百家③言黄帝，其文不雅驯④，荐绅⑤先生难言之。孔子所传《宰予问五帝德》及《帝系姓》，儒者或不传。余尝西至空桐，北过涿鹿，东渐于海，南浮江淮矣，至长老皆各往往称黄帝、尧、舜之处，风教固殊焉，总之不离古文者近是。予观《春秋》、《国语》，其发明《五帝德》、《帝系姓》章矣，顾弟⑥弗深考，其所表见皆不虚。《书》缺有间矣，其轶乃时时见于他说。非好学深思，心知其意，固难为浅见寡闻道也。余并论次，择其言尤雅者，故著为本纪书首。

◎**注释**　①〔太史公〕官名，尊称。②〔尚〕久远。③〔百家〕儒家之外的诸家。④〔雅驯〕典雅朴醇。⑤〔荐绅〕即缙（jìn）绅，有官职或做过官的人。⑥〔顾弟〕只不过。

◎**大意** 太史公说：学者多称述五帝，已经很久远了。而《尚书》只记载了尧以来的历史；而其他各家谈到黄帝，文字不够典雅可信，达官士绅难以说出口。孔子所传下来的《宰予问五帝德》和《帝系姓》，有的儒生没有传习过。我曾经西到空桐，北过涿鹿，东到海滨，南渡江淮，所到之处的长者常常谈论黄帝、尧、舜的事迹，不同地方风俗教化本来就有所不同，总的说来不背离古书记载，比较接近事实。我读《春秋》《国语》，它们把《五帝德》《帝系姓》阐释得很明了，只是人们没有深入考察，它们的记述都不虚妄。《尚书》的记载有些早已缺失，那些散失的内容往往可以在别的著作中看到。不好学深思，心领神会，本来就难以给孤陋寡闻之人陈达这些事。我搜集编排各种资料，选择其中尤其典雅的内容加以记载，写成本纪，放在全书的开篇。

参考文献

一、古籍类

[1]〔春秋〕左丘明著，杨伯峻编著.春秋左传注［M］.北京：中华书局，2009.

[2]〔春秋〕左丘明著，徐元诰集解.国语集解［M］.王树民，沉长云点校.北京：中华书局，2002.

[3]〔春秋〕管仲著，〔唐〕房玄龄注，〔明〕刘绩补注.管子［M］.上海：上海古籍出版社，2015.

[4]〔战国〕孟子著，杨伯峻译注.孟子译注［M］.北京：中华书局，1960.

[5]〔秦〕吕不韦编，许维遹集释，梁运华整理.吕氏春秋集释［M］.北京：中华书局，2009.

[6]〔汉〕陆贾.新语［M］.王利器校注.北京：中华书局，1986.

[7]〔汉〕贾谊.新书［M］.阎振益，钟夏校注.北京：中华书局，2000.

[8]〔汉〕司马相如.司马相如集校注［M］.朱一清，孙以昭

校注.北京：人民文学出版社，1996.

[9]〔汉〕司马迁.史记［M］.北京：中华书局，2011.

[10]〔汉〕司马迁著，（日）泷川资言考证.史记会注考证［M］.杨海峥整理.上海：上海古籍出版社，2015.

[11]〔汉〕刘向编.战国策注释［M］.何建章注释.北京：中华书局，1990.

[12]〔汉〕王充著，黄晖校释.论衡校释［M］.北京：中华书局，1990.

[13]〔汉〕班固.汉书［M］.北京：中华书局，1962.

[14]〔汉〕班固撰集，〔清〕陈立疏证.白虎通疏证［M］.吴则虞点校.北京：中华书局，1994.

[15]〔汉〕郑玄注，〔唐〕孔颖达疏.礼记正义［M］.北京：北京大学出版社，1999.

[16]〔魏〕王弼.周易注［M］.楼宇烈校释.北京：中华书局，2011.

[17]〔晋〕皇甫谧.世本［M］.济南：齐鲁书社，2010.

[18]〔晋〕皇甫谧著，徐宗元辑.帝王世纪辑存［M］.北京：中华书局，1964.

[19]〔南朝宋〕范晔撰.后汉书［M］.〔唐〕李贤等注.北京：中华书局，1965.

[20]〔南朝梁〕刘勰著，黄叔琳注.增订文心雕龙校注［M］.北京：中华书局，2000.

[21]〔唐〕刘知己.史通评释［M］.上海：上海古籍出版

社，2006.

[22]〔唐〕李延寿.北史［M］.北京：中华书局，1974.

[23]〔宋〕欧阳修，宋祁.新唐书［M］.北京：中华书局，1975.

[24]〔宋〕陈经.尚书详解［M］.北京：中华书局，1985.

[25]〔宋〕范浚.香溪集［M］.北京：中华书局，1985.

[26]〔元〕王充耘.书义主意［M］.北京：商务印书馆，1937.

[27]〔明〕何良俊.四友斋丛说［M］.北京：中华书局，1959.

[28]〔明〕钟惺.史怀［M］.北京：中华书局，1985.

[29]〔明〕凌稚隆.史记评林［M］.天津：天津古籍出版社，1998.

[30]〔明〕朱之蕃汇辑，〔明〕汤宾尹校正.百大家评注《史记》［M］.西安：陕西师范大学出版社，2016.

[31]〔明〕茅坤.史记钞［M］.北京：中华书局，2017.

[32]〔清〕孙星衍.尚书今古文注疏［M］.陈抗，盛冬玲点校.北京：中华书局，1936.

[33]〔清〕梁玉绳.史记志疑［M］.北京：中华书局，1981.

[34]〔清〕章学诚.文史通义［M］.北京：中华书局，1985.

[35]〔清〕吴见思，李景星.史记论文史记评议［M］.陆永品点校.长春：东北师范大学出版社，1985.

[36]〔清〕余诚编.古文释义［M］.吕莺校注.北京：北京古

籍出版社，1998.

[37]〔清〕严可均辑.全三国文［M］.北京：商务印书馆，1999.

[38]〔清〕程余庆撰，高益荣、赵光勇、张新科编撰.历代名家评注史记集说［M］.西安：三秦出版社，2011.

[39]〔清〕牛运震.空山堂史记评注校释［M］.崔凡芝校释.北京：中华书局，2012.

[40]〔清〕李邺嗣.杲堂诗文集［M］.杭州：浙江古籍出版社，2013.

[41]〔清〕李晚芳.李蓑猗女史全书·读史管见［M］.济南：齐鲁书社，2014.

[42]〔清〕过珙，黄越评选.古文评注全集［M］.张廷华，沈镕评注.上盖：大东书局，民国二十五.

二、专著类

[1]陈冠宇.全史会通［M］.上海：大东书局，1947.

[2]钱锺书.管锥编［M］.北京：中华书局，1979.

[3]张大可.史记论赞辑释［M］.西安：陕西人民出版，1986.

[4]杨燕起.历代名家评史记［M］.北京：北京师范大学出版社，1986.

[5]钱锺书.管锥编［M］.北京：中华书局，1986.

[6] 杨燕起.《史记》的学术成就 [M].北京：北京师范大学出版社，1996.

[7] 金景芳，吕绍刚.《尚书·虞夏书》新解 [M].沈阳：辽宁古籍出版社，1996.

[8] 陈雪良.司马迁人格论 [M].上海：上海人民出版社，1998.

[9] 柳诒徵.中国文化史 [M].上海：上海古籍出版社，2001.

[10] 丁琴海.中国史传叙事研究 [M].北京：北京国际文化出版公司，2002.

[11] 王成军.纪实与纪虚——中西叙事文学研究 [M].南昌：百花洲文艺出版社，2003.

[12] 梁启超.饮冰室合集 [M].北京：北京大学出版社，2005.

[13] 鲁迅.汉文学史纲要 [M].上海：上海古籍出版社，2005.

[14] 张大可，安平秋，俞樟华主编.史记研究集成 [M].北京：华文出版社，2005.

[15] 许顺湛.五帝时代研究 [M].郑州：中州古籍出版社，2005.

[16] 毛金霞.史记叙事研究 [M].西安：陕西人民教育出版社，2006.

[17] 刘咸炘.刘咸炘学术论集 [M].桂林：广西师范大学出

版社，2007.

　　[18]潘美月，杜洁祥主编.《史记·五帝本纪》辑证[M].古典文献研究辑刊第四编第17册.台湾：花木兰文化出版社，2007.

　　[19][美]杨联升.中国制度史研究[M].南京：江苏人民出版社，2007.

　　[20]李景星.史记评议[M].上海：上海古籍出版社，2008.

　　[21]霍有光.史记地学文化发微[M].西安：西安交通大学出版，2008.

　　[22]刘宁.《史记》叙事学研究[M].北京：中国社会科学出版社，2008.

　　[23]杨义.中国叙事学[M].北京：人民出版社，2009.

　　[24]朱东润.史记考索[M].武汉：武汉大学出版社，2009.

　　[25]聂石樵.司马迁论稿[M].北京：中华书局，2010.

　　[26]张新科.《史记》与中国文学[M].北京：商务印书馆，2010.

　　[27]张新科，高益荣，高一农主编.史记研究资料萃编[M].西安：三秦出版社，2011.

　　[28]顾颉刚.顾颉刚全集[M].北京：中华书局，2011.

　　[29]熊江梅.先秦两汉叙事思想[M].长沙：湖南师范大学出版社，2011.

　　[30]董乃斌.中国文学叙事传统研究[M].北京：中华书局，2012.

［31］李长之. 司马迁之人格与风格［M］. 上海：三联书店，2013.

［32］袁珂. 中国古代神话［M］. 北京：华夏出版社，2013.

［33］顾晓鸣主编. 史记鉴赏辞典［M］. 上海：上海辞出书版社，2013.

［34］曾小霞.《史记》《汉书》叙事比较研究［M］. 广州：世界图书出版广东有限公司，2013.

［35］郭丹. 先秦两汉史传文学史论［M］. 上海：上海古籍出版社，2014.

［36］倪爱珍. 史传与中国文学叙事传统［M］. 北京：中国社会科学出版社，2015.

［37］柳诒徵. 中国文化史［M］. 北京：中国文史出版社，2015.

［38］徐复观. 两汉思想史［M］. 北京：九州出版社，2015.

［39］傅修延. 中国叙事学［M］. 北京：北京大学出版社，2015.

［40］［德］扬·阿斯曼. 文化记忆——早期高级文化中的文字、回忆和政治身份［M］. 金寿福，黄晓晨译. 北京：北京大学出版社，2015.

［41］陈泳超. 尧舜传说研究［M］. 南京：南京师范大学出版社，2016.

［42］彭丰文. 先秦两汉时期民族观念与国家认同研究［M］. 北京：中国社会科学出版社，2016.

［43］董乃斌.中国文学叙事传统论稿［M］.上海：东方出版中心，2017.

［44］尹雪华.先秦两汉史传叙事研究［M］.上海：学林出版社，2017.

［45］［美］浦安迪.中国叙事学［M］.北京：北京大学出版社，2018.

［46］杨义.中国叙事学［M］.北京：商务印书馆，2019.

［47］赵光勇，吕新峰编.史记研究集成·十二本纪·五帝本纪［M］.西安：西北大学出版社，2019.

三、期刊论文类

［1］陈可青.读《五帝本纪》札记［J］.北京师院学报，1979（3）.

［2］罗庚岭.《史记》的总序——《史记·五帝本纪》散论［J］.怀化师专学报（哲学社会科学版），1987（1）.

［3］周先民.尽善尽美的理想帝王——读《史记·五帝本纪》［J］.文学遗产，1995（3）.

［4］郭维森.读《史记·五帝本纪》札记［J］.南京社会科学，1999（2）.

［5］王文光，翟国强.“五帝”世系与秦汉时期“华夷共祖”思想［J］.中原国边疆史地研究，2005（3）.

［6］李先登.五帝时代与中国古代文明的起源［J］.中原文

物，2005（5）．

[7] 张强，李丹.论《本纪》在《史记》中的地位和作用——兼论《史记》以《五帝本纪》为开篇的原因 [J].河北师范大学学报（哲学社会科学版），2006（4）．

[8] 徐军义.《五帝本纪》中司马迁的话语批评 [J].渭南师范学院学报，2008（3）．

[9] 王晓红.对《史记·五帝本纪》社会生态的考量 [J].社会科学辑刊，2009（6）．

[10] 王晓红.人与自然的史前对话——《史记·五帝本纪》另一种解读 [J].社会科学辑刊，2010（6）．

[11] 张新科，王晓玲.《史记·五帝本纪》与西汉文化的建构 [J].求是学刊，2011（4）．

[12] 柯小刚.治气与教化：《五帝本纪》读解 [J].海南大学学报（人文社会科学版），2013（3）．

[13] 张华.从《史记·五帝本纪》看司马迁的学术研究方法 [J].长安大学学报（社会科学版），2014（2）．

[14] 宫长为.虞帝"明德"内涵的解析——读《史记·五帝本纪》札记 [J].学习与探索，2015（12）．

[15] 叶舒宪.尧舜禅让：儒家政治神话的历史构建 [J].民族艺术，2016（2）．

[16] 龙迪勇.世系、宗庙与中国历史叙事传统 [J].思想战线，2016（2）．

[17] 田广林，翟超.从多元到一体的转折：五帝三王时代的

早期"中国"认同［J］.陕西师范大学学报（哲学社会科学版），2018（1）.

［18］龙迪勇.试论《史记》的世系叙事［J］.江苏师范大学学报（哲学社会科学版），2018（6）.

［19］李霖.从《五帝本纪》取裁看太史公之述作［J］.文史，2020（1）.

［20］王晖.《五帝本纪》得与失：论司马迁的上古史观［J］.史学史研究，2020（2）.

［21］江林昌.五帝时代与中华文明起源——建构中国特色文史学科理论体系浅议之三［J］.济南大学学报（社会科学版），2020（4）.

［22］朱乃诚.五帝时代与中华文明的形成［J］.中原文化研究，2020（4）.

［23］郭大顺.从史前考古研究成果看古史传说的五帝时代［J］.中原文化研究，2020（6）.

［24］刘彦青.重组的艺术与重构的记忆：《五帝本纪》黄帝战争文本蠡测［J］.陕西师范大学学报（哲学社会科学版），2021（1）.

［25］吕新峰.血统、族统、道统：司马迁中华民族共同体意识的一统建构［J］.深圳大学学报（人文社会科学版），2021（5）.

［26］姚圣良."百家言黄帝"的时代语境与《史记》黄帝形象的建构［J］.学术研究，2021（10）.

［27］邹国力，李禹阶.中华民族共同体意识探源——以西汉武帝时期族群整合为研究对象［J］.中华文化论坛，2022（5）.

［28］向柏松，张兆芹.神话学视域下中华民族共同体意识的形成与发展——基于三皇五帝神话原生形态演化的分析［J］.中南民族大学学报（人文社会科学版），2022（10）.

四、学位论文类

［1］孙锡芳.《史记·五帝本纪》可信性研究［D］.西安：西北大学，2004.

［2］赵文娜.司马迁《五帝本纪》研究［D］.北京：首都师范大学，2007.

［3］马兴.尧舜时代研究［D］.长春：东北师范大学，2007.

［4］夏世华.先秦儒家禅让观念研究［D］.武汉：武汉大学，2009.

［5］潘苇杭.先秦两汉尧文化探源［D］.福州：福建师范大学，2010.

［6］孔祥来.先秦文献中的"古帝"传说研究——基于思想史的视角［D］.杭州：浙江大学，2012.

［7］刘晓.黄帝神话传说的形成［D］.西安：陕西师范大学，2018.

［8］刘彦青.《史记》十二本纪文本生成研究［D］.西安：陕西师范大学，2018.

[9] 闫咚婉. 黄帝神话传说研究 [D]. 太原：山西大学，2021.

[10] 石尚上. 认同与记忆：黄帝符号的建构与传播研究 [D]. 济南：山东大学，2022.